恰到好处的领导方式

如何拥有令人信服的领导力

北大EMBA、特聘教授
北大纵横管理咨询顾问

桑郁 推荐

何菲鹏 编著

中国华侨出版社

图书在版编目(CIP)数据

恰到好处的领导方式 / 何菲鹏编著.—北京：
中国华侨出版社,2010.8
ISBN 978-7-5113-0579-4

Ⅰ.①恰…　Ⅱ.①何…　Ⅲ.①领导方法
Ⅳ.①C933.2

中国版本图书馆 CIP 数据核字(2010)第 150507 号

恰到好处的领导方式

编　　著 / 何菲鹏
责任编辑 / 尹　影
责任校对 / 胡首一
经　　销 / 新华书店
开　　本 / 787×1092 毫米　1/16 开　印张/16　字数/266 千字
印　　刷 / 北京溢漾印刷有限公司
版　　次 / 2010 年 11 月第 1 版　2010 年 11 月第 1 次印刷
书　　号 / ISBN 978-7-5113-0579-4
定　　价 / 28.00 元

中国华侨出版社　北京市安定路 20 号院 3 号楼　邮编:100029
法律顾问:陈鹰律师事务所
编辑部:(010)64443056　　64443979
发行部:(010)64443051　　传真:(010)64439708
网址:www.oveaschin.com
E-mail:oveaschin@sina.com

前　言

　　在现实生活和工作中，领导是一个重要的角色。我们每一个人每时每刻都在扮演着领导的角色，我们每一个人都在承担着领导的责任，无论你愿不愿意，喜欢不喜欢，领导就像一个影子伴随着我们的生活和工作。也许你现在是一个团队的领导，也许你现在是家庭的领导，也许你什么都没有对他人进行负责，但你还是自己的身体和心灵的领导者。无论你赞同这个观点与否，我们每个人的领导角色都是真实存在的。

　　既然这样，那我们每个人掌握了如何成为一个好领导的技巧了吗？我们知道如何成为一个好领导的方法吗？如果我们现在对自己的生活状态不满意，如果我们现在对自己的工作成绩不满意，那么是否和我们没有掌握领导力的艺术有关系呢？孩子缺锌要补锌，缺钙要补钙，否则身体就长不高，长不壮。我们缺乏领导力，所以我们的事业难成功，我们的家庭不和谐，我们人际关系紧张，我们的烦恼很多。我们很多时候在不停地追求结果，当你看到本书的时候，更多的应该寻找原因。

　　领导就像一个身在江湖的侠客，决定我们领导力武功高低的不是多少招法，而是我们的心法。心法就是武术的内功，我们要想做好领导的角色，必须学会修炼自己的内功，必须学会修炼我们的内心。当遇到事情，当需要决策，当要执行的时候，我们能否问问自己是否心如止水，是否心如明镜……

　　落实到实际的工作中，"有效领导"就是一个让领导对象从"NO"到"YES"的转化过程，但它没有统一模式，也没有最佳模式，必须因人而异、因事而异。

　　本书从十一个方面着手介绍了 87 种从"NO"到"YES"的领导方式，并阐明了每种方式的适用情境及运用技巧，只要你仔细研读并学以致用，相信定能成为一名优秀的领导者。

目 录
contens

第一章 "性格型"领导：
不同性格者的领导方式

人的性格是一个复杂的多棱体，也是一把"双刃剑"。从某种意义上说，性格是一种力量，更是一种重要的资本。只要能扬长避短，选择最适合自己性格的领导方式，你就会发现一个崭新的领导者角色。

第二章 "个性化"领导：
如何领导不同性格的下属

能够尽量学会和各种不同性格的下属打交道，努力和更多的人相处得好，把他们管理得服服帖帖，工作起来相互协调、密切配合，这才是一个成功的领导者所应该具备的素质。

第三章 "榜样式"领导：
要领导别人，先管好自己

正如著名管理学家帕瑞克所说的，"除非你能管理'自我'，否则你不能管理任何人或任何东西。"示范的力量是惊人的。一旦通过表率树立起在员工中的威望，将会上下同心，大大提高团队的整体战斗力。得人心者得天下，做下属敬佩的领导将使管理事半功倍。

第四章 "情感式"领导：

用"真情"收服人心

领导要站在下属的高度来审阅公司的发展战略和自己的领导方式，要认真去了解下属在战略的贯彻执行和公司的发展过程中看到什么、想到什么，更要真正去了解每位下属需要什么。

第五章 "激励式"领导：

不仅要绩效，更需要有士气

所谓士气，指的是行动、承诺、活力、热忱、战斗、主动、积极等心理或精神状态综合的冲力。士气是增强团队凝聚力与团队竞争力的重要因素。激发士气，好似一个弹簧所产生的冲力，能够使团队实现目标。

第六章 "化解式"领导：

不会处理矛盾的领导不是好领导

许多立志于建立高效团队的领导者在谈到"冲突"时都闻风色变。的确，在传统意义上，冲突被认为是造成不安、紧张、不和、动荡、混乱乃至分裂瓦解的重要原因之一。所以，对领导者而言，不能化解冲突，最终就要被冲突"化解"。

第七章 "张弛式"领导：

刚柔并济，宽严相融

古人有言曰："文武之道，一张一弛。"这句话说的是中国古代贤明的君主周文王、周武王治理国家时运用的一个方略。这种方略在当下的领导领域依然很有效，对于一个领导者来说，在具体的管理之中应做到该罚则罚，该宽容则宽容。

第八章 "善用式"领导:

给猴一棵树,给虎一座山

实施人才战略的关键性问题实际上就是敢于大胆启用人才,让他们充分发挥其最大潜力,同时也让他们得到充分的磨炼。这是作为一个成功的领导者所应该优先考虑的问题。在各尽其能的用人策略中,根本就没有"扶不起的阿斗"之说,有的只是发现被隐匿的"闪光的金子"。

第九章 "授权式"领导:

将权力授给能够胜任工作的人

授权对于领导者来说,不是"能不能"的问题,而是"愿不愿"和"会不会"的问题。授权绝不是简单地把工作指派给员工,授权是一门艺术,一门成功领导者必须掌握的艺术。

第十章 "团队式"领导：
只有团队合作，才能实现"人多好办事"

有效的领导力和管理团队建设被视为企业成长、变革和再生的关键因素之一。没有完美的个人，只有完美的团队，唯有建立和领导健全、高效的团队，组织才能真正实现"人多好办事"。

第十一章 "培养式"领导：
基业长青的永续力

企业的竞争力归结为人才的竞争,培训也是创造企业价值的最有利的手段之一,而一支健全、完善的人才队伍是需要企业自身培养的。领导者的一个重要责任就是让他(她)的下属健康成长起来。

第一章

"性格型"领导

不同性格者的领导方式

人的性格是一个复杂的多棱体，也是一把"双刃剑"。从某种意义上说，性格是一种力量，更是一种重要的资本。只要能扬长避短，选择最适合自己性格的领导方式，你就会发现一个崭新的领导者角色。

方式 ① **性格冷静的领导：**
学会用亲和力去增强凝聚力

关键词：领导方式·性格冷静·增强凝聚力

适用情境：性格冷静的领导者在管理下属中出现困难时可运用此方式。

性格冷静的领导从不矫揉造作，也不爱阿谀奉承。在工作上，他们往往乾纲独断，做事果断，非常有魄力。

他们通常做事稳重，在作出决断之前反复考虑，以求对自己说的话负责，但是决定一旦作出，不愿作出改变，这就显得非常固执。

此外他们又非常注重实效，一旦让他们感觉到新方法确实卓有成效，他们会马上作出调整，这样的性格特征让他们总能抓住有利的机遇。

沃斯·克拉克——希德基金会的前任负责人，就是一个非常典型的冷静型领导。他从不在工作上行为果断，从不缩手缩脚，也从不畏惧那些有着种种障碍的工作，这给我们留下了不少的佳话和教训。

当时克拉克想要投资修建一座新剧院，他在纽约的一个地方选好了优良的地址，但是几乎所有人都反对将剧院建在那里，他们认为那个地方到处是暴力抢劫，犯罪盛行，社会治安混乱。

针对这些见解，克拉克只是冷静地问了一个这样的问题，"你们当中有谁去过那儿？"但是没有人回答，因为所有的人都没有去过那个地方。于是克拉克最后决定亲自去那个地方考察一下。

当他心怀忐忑、惴惴不安地来到这个小区时，呈现在他眼前的是一幅很温馨的画面：孩子们在马路上嬉耍，街道上车水马龙非常繁华，既没有持枪的暴力分子也，没有犯罪团伙在街道上横行，只有在安定的环境下安居乐业的人们。

于是他决定在这个地方建造剧院，结果大获成功，于是克拉克在自己的日记上记下了这样一段话：与其相信不确实的话语，不如相信自己的眼睛。

克拉克当时充分发挥了自己冷静型领导的性格优势，他没有盲目听从大家的建议，而是冷静地思考，这才是他迈出成功一步的关键性因素。

这种性格的领导还具有很强的完成任务的能力与妥善安排事务的智慧，他们是公司里天生的领导人。

这种领导常常说话不多，他们不会轻易把自己的想法都显露在脸上，他们在任何时候都始终保持平和的心态，所以这样的上司总是给下属一种神秘感，让人把握不准其真实的想法。

这其实也是很多人对于老板和上司产生的一种误解，他们只看到了老板是企业最大的受益者，但没有看到老板也是最大的风险承担者。

企业这棵大树倒了，其他人可以树倒猢狲散，去另谋高就，但是老板不能，他只能咽下这所有的苦果。除了市场上的竞争外，还要打理方方面面的关系。

企业越大，老板承担的风险也越大。因此，老板所面临的压力是常人无法想象的，尽管如此老板在众人前，总是表现得沉稳如山、气定神闲。

曾听说一个建筑公司的大老板，在年终时资金紧张，但是农民工兄弟却急需回家过年的钱，因此他背地里到处找人借钱发工资，但在农民工兄弟面前却笑嘻嘻地说保证工资一定会按时发。

另一位老板，公司处于困难时期，连自己汽车加油的钱都没有，但在公司里却照样谈笑风生，不紧不慢地与大家泡工夫茶喝，最后他也成功地渡过了危机。

冷静型性格的领导对自己的下属也很严格。他们欣赏那些有能力、做事有成效的人，讨厌那些油嘴滑舌、光说不做的假把式。

他们在严格要求下属的同时，却往往忽略下属的感受和待遇。

虽然冷静型老板的领导方式可以提高工作效率，但却会给下属造成很大的压力。

所以这样的领导一般让下属感到畏惧，以及有着很强的距离感。所以作为一个冷静型的领导也应该时时注意增加亲和力。

韩莉丽是深圳一家小有名气的时装有限公司的老板，很少有人知道如今这个身价上千万元女富豪曾经只是一个身文分文的川妹子。

多年前，韩莉丽通过多年打工挣来的钱，办了一个小型的制衣厂，当时她只请了一个师傅和几个同乡的打工妹。

当时由于资金困难，她支付的工钱不高，但却通过为人和蔼可亲和乐于助人留住了员工。

有时员工病了，她会找车送她们看病，并为她们煎好草药，如果她们家里有困难，她也会先支付一部分工资给她们应急，所以那些身在异乡的师傅和打工妹都把她视为自己的知己和朋友，愿意为她效力。

理解是建立在相互信任的基础之上，员工们也对韩老板投桃报李，如果公司一时资金周转不过来，她们也会给予理解。

尽管后来公司成为服装界的大鳄，但莉丽对员工的态度却没有变，她经常在空余时间为员工办生日晚会，并且还亲自去医院看望生病的员工，使手下的员工们感受到了大家庭的温暖，从而为公司的发展壮大打下了雄厚的基础。

"没有好的员工，企业就难以发展，而要吸引好的员工，让他们尽职尽责地为你工作，就需要你去尊重他们、关心他们。"莉丽如此说。

的确，创业时我们资金有限，不可能用优厚的工资和待遇去吸引员工，但我们可以用自己的亲和力去增强凝聚力,使员工乐意为你卖力工作,而这未必是用钱就能做到的。

这一点确实是冷静型的领导应该学习和汲取的。

方式② 包容心强的领导:对下属要恩威并施

关键词:领导方式·包容心强·恩威并施

适用情境:包容心强的领导在对待下属显得手足无措时可运用此方式。

包容心强的领导,工作中勤勤恳恳,通常把自己的抱怨放在心底,不轻易向外人倾吐,并转嫁到下属身上。

这种类型的领导有很强的责任心,他们可以为了公司的利益而牺牲自我,并且在牺牲的过程中得到一种精神的升华。

包容心强的领导通常很重感情,他们对自己的同事和下属非常负责,一旦对方有任何困难,他们总是竭尽全力帮助对方,甚至会在很大程度上牺牲自我的利益。

乔治·温斯顿是美国南卡罗来纳州一个城市的市政执行官,他的领导方式中,最让人着迷的地方就在于他有非常强的包容心。

温斯顿所领导的城市堪称美国种族问题最复杂的一个城市之一。这是美国具有最多民族的城市之一,那里53%的居民是西班牙裔人,25%的居民是非洲裔人,还有22%的白人。

而且这里在20世纪60年代曾经是黑人民权活动很有影响的一个据点。这样的城市结构决定了温斯顿必须对这种多样化的居民采取包容态度,他确实也做到了这一点。

他不像前任执行官那样把这个城市只看成一个整体，他把它看成许多个体，并决定对每个社区逐个进行研究，并采取不同的策略来满足各社区的要求。他首先采取的行动就是在不同的社区建立他们自己的警察机构，并且在每一个机构设置一个监督办公室，充分发挥各地的积极性。这种做法消除了社区和市政之间的不信任，通过他的一系列努力，终于使城市和谐起来。

但过度包容会使下属有空子可钻，常听到有些领导说："我对员工那么好，可是到最后他们都背弃了我，真是太不重情义了！"古人韩非子也曾经说过"悍家无强虏，慈母多败子，"就是对于这种情况的一个揭露和警示。

包容心强的领导通常无法妥善地处理冲突问题，所以当他们面临自己和下属之间的冲突时，往往会不知所措，针对这种情况他们所要做的是在管理上要学会恩威并施。

"倘若员工们明白你的关爱发自内心，就会感到安全和快乐，哪怕他们此刻一心想和你作对或发泄愤怒。"稻谷香公司的李大峰这样对记者说。一旦员工出现纰漏，她会像父母那样教育犯错误的员工，同心协力渡过难关。但李大峰知道，家长式管理的使用范围只能到此为止。

她不会放弃做一名家长的念头，但也绝不会溺爱自己的"孩子"。同时她又说道，"如果有人表现不佳，工作偷懒，就必须卷铺盖走人。"这种恩威并用的手法为公司的发展壮大提供了有的力支持。

其实古人对于这种领导方式的缺点也有着很深刻的认识，他们很早就学会了对于下属要恩威并用。

我国历史上杰出的政治家和帝王唐太宗李世民就对于这一点深有体会并作出了一个成功的榜样，他很善于处理君臣关系，恩威并施，双管齐下，为大唐江山的稳固和贞观盛世奠定了一个雄厚的基础，关于李世民的事例也成为一个千古流传的佳话，其中他对于李绩的处理堪称是一个典型。

李绩是唐代政治家、军事家，原姓徐，名世绩，字懋功，亦作茂公。因唐高祖李渊赐姓李，故名李世绩。

后因避唐太宗李世民讳，遂改为单名绩。曹州离狐（今山东东明一带）人。出身官宦世家，隋朝大业末年，曾任马邑丞。

唐高祖李渊兵入长安时，李绩作为隋朝的将领积极抵抗唐兵，后来唐军将李绩擒获，打算将他当众斩首，而秦王李世民求情，高祖便赦免了李绩，从此李绩对于李世民就心存感激。

贞观四年，李绩一举打破突厥颉利可汗牙帐，为大唐在西域的经营打开了一个新的局面，但是后来因为他所率领的部队纪律一时松弛，致使突厥珍物被官兵虏掠殆尽，这使当时的突厥臣民对于唐朝很是不满。

御史大夫萧瑀弹劾李绩，劲请交付法律部门推勘审理，并要求对于李绩进行严肃处理以平息民怨。唐太宗却予以特赦，很宽容地放过了他。等到李绩进见时，太宗则大加责备，李绩磕头谢罪。其实李世民并没有像李渊那样对李绩动过杀机，只是想通过别人对李绩的弹劾，稍稍警告一下李绩。因此在李绩谢罪之后，太宗才说："隋朝时史万岁打败达头可汗，而隋文帝却有功不赏，反而因其他小罪将其斩首。

朕则不这样处理，记录下你的功劳，赦免你的过错。"于是，加封李绩为左光禄大夫，并赏赐他一干什物。不久，太宗对李绩说："以前有人说你的坏话，现今朕已省悟，你不必挂在心上。"又赐给绢两千匹。

李世民驾驭功臣的手段便是恩威并用。唐太宗很聪明，他知道对卓尔不的李绩该怎么收，应如何放，拿捏得恰如其分。

所以李绩才会心甘情愿地帮助唐太宗去打天下。

在唐太宗的英明领导之下，后来李绩为唐朝立下了汗马功劳，李绩后被封为英国公，是凌烟阁二十四功臣之一。

方式 ③ 平易近人的领导：和下属适当保持距离

关键词：领导方式·平易近人·注意领导身份

适用情境：平易近人的领导者在管理下属时可运用此方式。

平易近人的领导是最值得信赖的领导。他们平时没有领导的架子，在自己的下属有困难时，会热心地帮助，所以这种领导往往都很有亲和力，下属也都很信赖和支持这样的领导，这种领导一般和下属的关系都很亲密。

艾伦·B·维埃拉是法国一家列车制造公司的总裁。他在日常的工作中就采取了一种平易近人的管理方式，他时时刻刻提醒自己，他和公司的所有职员是一种平等的关系，因为大家都有一种共同的使命，都是为了公司的发展壮大的目标而努力。

他时常这样告诫自己："我不妄自尊大。我不知'谦卑'这个字眼对我是否合适，但相对而言我知之甚少，关于这一点我心里有数。"他认为，他想实现的最重要的愿望就是创建一个让所有人都能充分施展才能的机构。并且对于他来说，这还要靠完成一项任务、达到一个目标、实施一项计划来实现。计划、安排的目标越多，而规定实现目标的方法越少，其效果就越好。规定和结果几乎是对比的。

这样能促使我们每一个人发挥创造性，千方百计地找到完成计划的办法。而作为一个领导者的责任就是保证这一过程顺利展开。他把创建一个能够使员工充分展示才能的环境当做他工作的一个目标。

在危机出现的时候，他从来没想过把自己置身事外，而是与员工同艰辛共奋斗,在他看来,与职员共同承担责任是美妙和必然的选择。

例如有一次,列车出现一个关键性的故障,列车的排水系统经常不畅,公司面临被退货的危险,眼看公司面临巨大的损失。

为挽回局面,他和所有的研究人员一起,想尽一切办法,做各种各样的实验来解决这个问题。在他们花费了很大的心血后,终于找到了解决问题的方法。在这个过程之中维埃拉平易近人的管理方式发挥了重大的作用。

但是,光是一味地平易近人并不足以作为一个好的领导者,在平易近人的同时还要和员工适当地保持距离。

正如古人所说的"马上看壮士,月下观美人",距离产生美,对于一个领导者来说,适当的距离是必要的。与下属过多的亲密会带来一系列的问题:一是用权不公正;二是领导的权威受影响;三是弱化下级的执行力。和某些下属的关系过于亲密,客观上疏远了另外一些下属,在运用权力上就会容易受到感情因素的干扰,导致用权不公。

领导与下属过于亲近,容易失去自身的神秘感,下属会不在乎你的存在,你的权威性就受到影响,这样会导致下级执行效能不高,甚至有令不行,有禁不止。

这种情况是需要警惕的。有一位女老板,她年纪轻轻就已经是一家著名服装公司的老板了,她自信并充满魅力。

公司里的所有营业员都认识她,并与她相熟,当顾客产生售后服务的问题,客服解决方案顾客不满时,营业员会给她打电话;当营业员认为奖金发放、薪资结算、培训等不公时,会给她打电话;当营业员认为店长管理不当时,还会给她电话……客观地讲,员工很喜欢这个老板,工作也蛮开心,她的亲和力也在很大程度上帮助公司逐渐发展壮大了,然而,这占用了她的大部分精力,也影响了中层领导者的发挥,而且也由于她和下属之间没有距离,使得原本在老板与员工中的那层面纱被轻易揭开之后,变得简单和直接。

笔者走访很多营业员做她们工作的时候，可以了解到，新员工对老板是非常崇拜的，时间达半年以上的基本上崇拜的成分就减少很多很多，一切都慢慢地官僚化。这也是这种领导方式的一个缺点。

方式 ④ 活泼型领导：要让自己沉稳一些

关键词：性格活泼·领导方式·沉着稳重

适用情境：性格活泼的领导在处理冲突事件时可运用此方式。

性格活泼的领导，由于他们待人热情的态度以及喜欢欢声笑语的生活态度，使得他们不管在什么样的环境里都怀着愉悦的心情。在工作上，这种性格的领导注重工作气氛，他们喜欢用轻松的态度处理事情，非常重视在工作中的活跃气氛。

他们的热情使他们不论面对怎样的突发情况，都能够欣然接受并加以处理。相对于对工作的抱怨，他们更喜欢用忙碌和复杂的工作来充实他们的生活。活泼型的领导都往往有着很强的亲和力，由于他们对下属的要求不太严格，也不喜欢用条条框框去约束下属，这使他们很受下属的欢迎。

王女士经营着好几家服装店，但她从不把自己当做老板，在服装店里，她是个任何人都可以使唤的人。她也喜欢跟下属开一些小玩笑，经常相互打趣一下，对一些男员工她时不时地就递一支烟。

她在时装店里，从来不会安静地呆上一会儿，不是去看服装师设计，就是去与顾客聊天。因此，凡是定做过她的服装的人，都成了她的好朋友和她生意的回头客，同时她的所有员工都很喜欢她，大家在一起就像一家人一样。

活泼型领导和包容心强的领导一样，不善于处理冲突事件，他们在冲突面前大多保持缄默，宁愿采取被动的处理方式，让事件自动平息下去。因此这种领导还应该注意培养自己沉稳的一面。

在这一点上，汉武帝刘彻是一个值得我们效法的榜样，刘彻就是个非常沉稳的人。

汉武帝很早就登基了，他雄心勃勃地想将文景之治的盛世继续下去，但在初期却遇到了阻力。这主要是当时的太皇太后窦氏，即武帝的爷爷汉文帝的皇后。

从她做皇后到这时，已经有 40 年了，本家族在朝廷的势力很是庞大。按照规定，分封的一些王与侯都要到各地自己的封地去，但窦氏的亲属们都不愿意到那些僻远的地方去，都留在京城。互相勾结、违法乱纪的事经常发生。对于窦氏来说，她和武帝的治国思想也有很大的区别。

窦氏喜欢的还是在汉朝初年很盛行的黄老思想，即远古的黄帝和近世老子的思想，主要是"无为而治"的道家思想。这是汉初与民休息政策的基本治国思想，这使国家的经济得到了恢复和发展，促成了"文景之治"盛世景象的出现，在当时这也不失为一个优良的措施，但到了武帝时期，因为分封的诸侯王们对抗中央，所以迫切要求加强中央的权力来压制地方势力，这种思想已经不再符合时代的潮流。

武帝即位后便开始实行自己的政治方略：安排自己信任的人掌管朝中大权，如让舅舅田蚡做太尉，掌握军权。

同时，许多的儒生也被他重用。为了更多地选拔人才，武帝还下诏命令全国官吏向中央推荐人才，当时叫做"贤良方正"。有名的董仲舒就是在这次推荐考试中得了第一名。武帝召见他，探询治国的良策。

董仲舒便将自己的一整套经过发展的儒家治国思想说给武帝听，武帝非常赞赏。

但武帝那时还没有力量和自己的奶奶窦氏较量,在他任命的重臣赵绾提出窦氏不应干涉朝政时,惹恼了窦氏。

窦氏逼迫武帝废除了刚刚实行的一系列的改革措施,自己任命的丞相和太尉也被迫罢免,有的大臣被逼死狱中。

然后,窦氏宠信的人接替了这些重要职位,听从她的命令。这对武帝是一个打击,但武帝有年龄的优势,他没有从此消沉,而是养精蓄锐,等待着时机。

4年之后,即公元前135年,窦氏去世,时机终于来了,武帝马上将窦氏的人一律罢免,将田蚡重新重用,任命他做了丞相。

治国思想也采用了儒家的主张,开始加强中央集权,对付地方的豪强势力。在这方面,汉武帝是一个值得我们效仿的一个好例子。

方式 5 知人善任的领导:让每个下属都发光发热

关键词:领导方式·知人善任·调动积极性

适用情境:才能平庸的领导者在不知该让谁来完成某项工作时可运用此方式。

俗话说:"千军易得,一将难求。"

知人善任型的领导虽然不善知事,但却善知人。在工作态度上,他们不是那种勤奋努力、事事以身作则的好领导,但他们绝对是虚心听取下属意见、给下属发挥能动性空间的好领导。

在工作上,这样的领导往往缺乏独立完成工作的能力,但他们却可以调动整个团体合作的积极性,能把每个人的积极性调动起来,让每个人都放光发热。

所以这种领导的所在部门一般工作效率很高。

查理·波莱特是美国一个研究所的主任,她时常说这样一句话:"我并不把自己当做领导者,只是把自己当做催化剂。

我的目标是让员工自己设计一个远景规划,并成为为了集体的共同目标而奋斗的一分子。

我不要求员工具体该如何做,这不是我的特长。"

她认为要想做到的唯一方法就是发挥员工的创造性,使员工更出色地工作。她的这些话可以说是说到了点子上了。

在中国古代的历史上,这种成功的事例从来就不乏其人。

最为人所知的就是汉高祖刘邦,论出身,不过泗上一亭长,放在现在来说不过只是一个微不足道的小吏;论武功,也与"力拔山兮气盖世"的西楚霸王项羽不可相提并论;然而,就是这样一个市井无赖的刘邦,却最终击败了起初具有绝对优势的项羽,建基立业,开创西汉 200 年天下,登上了人所仰望的帝位。

为什么呢?不只是我们感到疑惑,当时也很难解释这个问题。在刘邦登上帝位后的一天,他在洛阳的南宫大会群臣,宴席上他总结了自己取胜的原因,他说道:"论运筹帷幄之中,决胜于千里之外,我不如张良;论抚慰百姓供应粮草,我又不如萧何;论领兵百万,决战沙场,百战百胜,我不如韩信。

可是,我的特点在于知人善用,充分发挥他们的才干,这才是我们取胜的真正原因。"

刘邦的总结无疑是深刻的。

刘邦身边的能臣良将非常之多,甚至可以说是车载斗量。

例如比较著名的就有萧何、曹参、张良、韩信、陈平、樊哙、周勃等人。

萧何打仗不行，管理后勤却有一套。

刘邦把整个后方十分放心地交给萧何，而萧何也殚精竭虑，在楚汉数年的拉锯战争中，保证了汉军兵源给养。

韩信虽为汉军武将之首，却曾经受胯下之辱，可以说出身也并不好，用现在的标准来说，只能算是贫下中农；刘邦听从萧何的意见，为韩信筑台拜将，将自己的全部家当交给一个此前自己并不太信任的人，显示出了他惊人的魄力，由于他的驾驭有方，最终使韩信为打下汉室江山立下了汗马功劳。

而陈平是重要智囊，其品行有亏，据说他曾经跟自己的嫂子私通，很为人所不齿。

后来有人以此向刘邦进谗，但刘邦不为所动，终能用其所长，使之巧思迭运，妙计迭出，不但救刘邦于危难之中，还最终铲除了吕氏势力，安定了刘家天下。

相比较西楚霸王项羽却恰恰相反，当年凭着"力拔山兮气盖世"的勇猛，他带领八千子弟兵，东征西讨，身先士卒，大小七十余战，所向披靡，打遍天下无敌手，却最终难免落得一个垓下被围、乌江自尽的悲惨结局。

究其原因，因为但凭一己之勇力，不能用人之过。

此前的韩信、陈平都曾经在项羽的麾下，但是他却不能够放手去任用他们，后来项羽身边只剩下一谋臣范增，但是项羽最终却不能完全相信他，吞下了失败的苦果，但是他在临死的时候说到"天之灭楚，非战之罪"，可谓是至死不悟了。

方式 ⑥ 勤奋型领导：
不仅要自己勤奋，还要让下属勤奋

关键词：领导方式·勤奋型领导·让下属更勤奋

适用情境：勤奋型领导在管理上遇到困难时可运用此方式。

勤奋型的领导大多沉默寡言，他们不喜欢表露自己的真实情感，他们宁肯单独做事，也不愿浪费时间在他们看来非常无聊的团体合作上面。

这种领导喜欢引用孔子的这句话"君子不群"，在他们看来，坐在一起讨论是浪费时间，不如自己去积极地展开活动更为有效率。

这种领导的独立工作能力强，甚至有时不需要下属的配合。这种人总能及时地完成自己的工作，他们擅长处理各种各样的突发情况。

并且能够根据不同的环境及时更改自己的工作计划，一般来说他们的任务处理得往往都十分出色。

说到勤奋，就不能不提犹太人。犹太人的生存方法之一是培养勤奋的习惯。犹太人认为对于勤劳的人，上帝总是给他以最高的荣誉和奖赏，而那些懒惰的人，上帝不会给他们任何礼物。

但是，犹太人同时还认为，仅仅知道不停地干活显然并不算是真正的勤奋。

他们认为成功的企业家不是因为他们比平常人更加勤奋，才有今天的成就；虽然，勤奋也曾经是他们努力的一部分，但并不是他们能够成功的根本原因。

一个人即使再勤奋，也担当不了多少工作量，其所做的事情也是非常有限的。企业家不需要依靠个人的勤奋来争取企业的成功，关键在于他是否有能力让他的下属更加勤奋。

相反，一个人过于勤奋的话，如果不是他们正处于起步阶段，恐怕就是他们正在走下坡路的时候了。

所以，他们的心思主要是放在如何将手上的资源最充分地加以利用，而不是对自己最充分地加以利用，犹太人认为这是领导和下属之间的区别之所在。

下面这个发生在犹太人之间的对话就鲜明地体现了这一点。

一个员工认为自己十分勤奋，但是收获却十分的少，有一次他实在想不开就向他的老板抱怨："我比你勤奋得多，为什么收获却比你小得多？"老板听了沉思了一会儿，然后神秘兮兮地反问道："为什么我非要比你们勤奋才能赚钱呢？我从来没有想过自己的钱是靠勤奋赚来的。

在这个社会，大部分的人都勤奋，但不是大部分的人都能够发财！靠勤奋发不了财！我的长处在于提供让别人有机会勤奋的工作职位，而不是我要比他们更加勤奋。"

这个犹太老板的话非常的发人深省，我们有理由相信，勤奋只是成功的其中一个原因，甚至只是人的一种品德，作为一个老板来说还要掌握除了勤奋以外更多的东西。

现实早已经证明了这个真理，我们并不比自己的祖先勤劳得多，但我们现在的生活水平却是他们远远不能相比的！这要归功于什么呢？显然，勤劳并不是唯一的原因，经营这种有别于一般性劳动的行为，为我们解开了其中的疑问，它也是我们要为经营歌功颂德的理由。与其默默无闻地埋头苦干，不如多动些脑子！

方式 7 情绪型领导：
提高情绪控制的能力，凡事泰然处之

关键词：性格冲动·领导方式·控制情绪

适用情境：因为很小的事情就轻易发怒的领导者在工作中可运用此方式。

情绪型的领导在日常生活中很常见。他们对工作很努力，从来不会满足于把所有的事交给自己的下属，而自己在一边只提些建议。但这种类型的领导很重视事情的成败。工作顺利，他们很高兴，而工作不顺利时，他们就表现得非常不愉快。情绪型的领导对于自己的下属其实非常不错，他们很容易训斥下属，但是事后又很容易跟人道歉，所以这种领导与自己下属的关系很亲近。

情绪型的领导因为很小的事情就轻易地发怒，将全部的情绪都轻易地浮现在脸上；非常的固执己见，不愿听取别人的意见；性格冲动，经常不分青红皂白地训斥下属；等等。

这种性格的领导虽然冲动，但他们大多数都很正直，也赏罚分明，对于勤奋工作、努力上进的下属，他们会大力地提拔；但对于那些只说不做的下属，却非常反感。

因此，如果这种人能够有效地控制自己的情绪，那么将来的成就便会不可限量。

施瓦茨是瑞典的一个著名科学家。有一天，他由于牙病发作，疼痛难忍，所以导致心情非常不愉快。

于是他走到了书桌前，拿起一位不知名的青年寄来的稿件，粗略看了一下,觉得满纸都是荒唐之言,顺手就把这篇论文丢进了纸篓。

几天以后,他的牙痛好了,情绪也好多了,那篇论文中的一些荒唐之言又浮现在了他的脑中。

于是,他急忙从纸篓里把它捡出来重读了一遍,结果发现这篇论文很有科学价值。

在为作者的新思路惊讶不已的同时,也为自己因情绪不好险些埋没了一个天才而懊悔不已。于是他马上将这篇论文推荐到一家著名的杂志社。这篇论文发表后,轰动了学术界,该论文的作者后来获得了当时一个著名的奖项,这个青年也取得了很大的成就。

可以想象,如果当时施瓦茨的情绪没有很快好转,那篇闪光的科学论文的命运就将在纸篓里结束了。

一个领导如果遇有不良的情绪,而且又难以调节和控制,那么此时处理工作,影响的就不会只是局限于个人的声誉和身体,而且会影响涉及全局的事业。

对于一个领导者来说,保持良好的情绪至关重要。我们要学会理智地控制情绪,用适当的方法转移和调节自己的不良情绪。

把握情绪、调节情绪、驾驭情绪、控制情绪,不要因不良情绪破坏了手中的大事,是需要引起领导干部注意的一个问题。

日本著名的企业家松下幸之助就曾经经历过这样一件事情。有一次,部下柯南犯下一个大错。

松下当时正赶上一件不愉快的事情,松下听说之后,更加愤怒,他一面用挑火棒敲着地板,一面严厉责骂柯南。

骂完之后松下注视挑火棒说:"你看,我骂得多么激动,居然把挑火棒都扭弯了,你能不能帮我把它弄直?"柯南自然是遵命,三下五去二就把它弄直,挑火棒恢复了原状。

松下说:"咦?你手可真巧呵!"随之,松下脸上立刻绽开了亲切可人的微笑,于是柯南一肚子的不满立刻烟消云散了。

此后柯南非常感动,从此更加发奋地工作。

著名的成功学大师卡耐基认为,领导者必须有良好的修养,不要轻易发怒,一定要能控制自己的情感而不失常态,能约束自己的行为而不为意气所动,做到了这一点就能迈出走向成功的一大步,他后来又具体地给人们提出了以下几点建议:

部属做错了事不要马上对其发怒

即使是犯了错误的下属,也同样有自尊心,有时甚至比其他人更渴望得到别人的理解和尊重。作为领导,应该充分考虑下属的这些需要,要学会尊重你的下属。当其情绪因素占上风时,无视事实,看问题时往往会有很大的偏见。

因此在与下属的交往中,领导要保持冷静、理智,下属就会感到你真诚可信。

相反,如果你总是摆出一副居高临下的态度,即使你有理,也不会使人心悦诚服,甚至会产生逆反心理。

要全面看待部属

当部属在工作中出现了错误,领导者一定要心平气和地冷静处理,千万不能火上浇油。

可以想象,没有哪一个部属希望自己的工作出现纰漏,因此有经验的领导者往往先以安慰和平息事态为主,然后再详细了解情况,总结经验教训。

事实证明,领导者越是心平气和、宽宏大量,部属则越能自觉地检查自己的过错,竭力做好弥补工作,这可以说是一个成功的法宝。

当部属顶撞自己时不要对其发怒

领导者因部属顶撞而发火,究其原因,也不外乎以下几点:

一是怕丢面子，他们觉得受到下属顶撞很没面子，有失领导者的权威。

二是想给部属一个下马威。有的部属能力较强，有时目中无人、傲气十足。领导者对其发怒，是想挫其傲气，让他清醒一下。

三是杀鸡儆猴。在领导者看来，不把顶撞者压下去，其他部属必然效仿。于是就借助部属顶撞的机会，敲山震虎、杀鸡儆猴。

总而言之，一个领导者要成功地驾驭部属，必须以德感人，以理服人，以能力和实绩取信于人。其实，采取压服的办法，到头来只能是压而不服，真正伤感情、丢面子的还是领导者本人。因此，当部属顶撞时，要特别冷静。

采用书面的方式批评

任何人难免犯错误，即使是一些职务很高的人也不例外。对于公司领导者的过错，松下幸之助绝不会视而不见，对他们采取姑息宽容的态度。

相反，松下幸之助先生在采取批评时喜欢采用书面批评的形式，往往能收到不错的效果。

在批评时要巧妙地转一个弯

现在非常流行的一种方式就是"胡萝卜加大棒"，但是是先用大棒呢还是先用胡萝卜，不同的管理学家有着不同的见解。

有的领导认为，先说赞扬的话，再批评，带有操纵人的意味，用意过于明显，所以不喜欢用。

所以在更多的时候，许多领导把表扬放在批评之后，这也不失为一个好的办法。

性格决定命运，一个人的性格决定了他对各种事物的不同态度，最后得出不同的结果，并进而产生成功或失败的不同人生境遇。培养良好的性格，是成功的必要准备。

反过来说，把握了性格，也就把握了成功，无数的事实都证明了这一点。在当今竞争空前激烈的时代，一个人想要生存并获得最佳发展，性格的完整

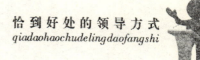

与健全，尤其重要。

英国著名文豪狄更斯曾说过："一种健全的性格，比一百种智慧都更有力量。"这句名言告诉我们一个真理：有什么样的性格，就会有什么样的人生。积极的性格能帮助我们获取健康、幸福和财富。

人的性格是一个复杂的多棱体，也是一把"双刃剑"。从某种意义上说，性格是一种力量，更是一种重要的资本。

只要能扬长避短，选择最适合自己性格特长发挥的方面，你就会发现一个崭新的自我。

第二章

"个性化"领导

如何领导不同性格的下属

能够尽量学会和各种不同性格的下属打交道，努力和更多的人相处得好，把他们管理得服服帖帖，工作起来相互协调、密切配合，这才是一个成功的领导者所应该具备的素质。

方式 ⑧ 对待夸夸其谈的下属：
不可轻信，谨慎待之

关键词：下属·夸夸其谈·维护自尊心

适用情境：面对夸夸其谈的下属时可运用此方式。

夸夸其谈的人到处都有，而且这种类型的人在公司、企业更是很常见，他们通常汇报工作时，为了突出自己的工作成绩，总是拣好听的方面汇报，而对于坏的方面则隐瞒不说。这种行为非常有利于自己职位的提升，但是实际上，这种行为显然不利于企业的长远利益。

小吴近来一直心情不舒畅，他老是感觉在公司受到排挤，别人批评他太孤僻内向，不知道跟人交流，但小吴却不这么认为，他感觉自己表现得挺活跃，可领导和同事似乎都无动于衷，所以他甚至有"天妒英才"的感觉。其实小吴很喜欢跟同事合作，他很喜欢和同事讨论相关问题。因为他经常阅读技术类文章和访问技术论坛，提高自己的技术水平，所以他在技术水平上很是不错，每当大家一起探讨的时候，通常小吴能提出比较新颖独特的见解，他往往能够对人阐述自己的方案。但是由于小吴的水平可能比较高，往往是听完他的高谈阔论一番后，许多人通常不再说话，后来技术会议就成为小吴的自说自话。在开其他的讨论会的时候，小吴面临同样的问题。有一天，经理找到小吴说道："小吴呀，你的工作能力比较强，你提出的意见和方案都很好，可那些方案其他人可能不太理解，也有可能是你的问题看得有些片面。但不论如何你在方式上还是有那么一点小问题，所以，建议你在谈论上提出问题之后，做一个PPT给大家演示一下,这样大家就更容易接受你了。"小吴听经理说得不无道理,此后,再有类似讨论,小吴一般是先在会上听完其他人的建议,在听别人说的时候,再结合自己的所学,他也会提出一种看法,但讨论完后,他会将自己的想法用一种最简单的方法提出来,然后他会找一个合适的时间,将做好的PPT演示给大家看。这种方法很快便奏效了,小吴的方案由于有了现实依据,大家在看PPT的时候,也会提出一些好的建议和补充,几次三番之后,同事们对他出色的工作能力也都表示出心悦诚服,而经理也更加重视小吴了,他终于走出了这个困境。

作为一个企业领导者,一定要警惕这样的下属,不要轻信这种人的话,否则很容易被蒙蔽,不利于工作的进展,可能遭受巨大的损失。而且与这种下属谈话时要慎重,谈话中不要随便夹杂有轻视他的话,言谈中要对他的成绩多肯定,少否定;否则,就会伤害他的自尊心,从而不利于工作的展开。

方式 9 对待常有非分要求的下属: 该拒绝时就拒绝

关键词: 下属·非分要求·领导方式

适用情境: 面对常常提出过分要求的下属时可运用此方式。

很多公司领导也许会经常听到这样的话"我以前在公司,他们答应给我多高的报酬,并且还有很好的福利"、"以前的经理多好多好,经常给下属送一些比较精巧的小礼"等,作为领导的你是应该答应还是拒绝?答应了,会不会让其他的下属有意见?而不答应会不会影响下属的积极性?这些都是领导不得不考虑的问题。怎么办？许多领导都觉得束于无策。其实，对这样的下属，如果他确实很有能力，而他提的要求也不是太苛刻，那么领导不如顺水推舟满足了他，自己也做一次好人。如果他提出的要求在你的能力范围以外或者过于苛刻，你应该把情况如实地告诉他。通常在这种情况下，下属都会明白你的苦楚并给予理解。如果是那些能力不高的人，并且他提出的要求也有点过分，你就应该毫不犹豫地拒绝他。

在企业之中，员工提出的要求一般就是关于加薪的问题，所以领导在这个问题上一定要处理谨慎，应详细考虑员工这方面的诉求。通常情况是年终评议决定是否加薪，但不是全部员工都得到加薪；又或者加薪的幅度不同。而有些员工可能因为种种原因失去了加薪的机会。另外，如果该员工的薪酬水平在该企业及同行业之间已经达到了较高的水平从而影响加薪的空间。可以说，影响加薪的因素是多方面的。但是从员工的角度来讲，他或许无法详细地了解这些因素，他只是感觉到自己工作得非常努力，所以就应该加薪。因此，员工有加薪的愿望和提出加薪的要求是一件正常的事情。在这方面领导者应该多与下级沟通解释，以获取他们的理解。

当员工提出加薪要求时，首先应该考察他的绩效考评工作业绩，如果成绩较低没有达到加薪的标准，就应该向他解释本企业的加薪政策，鼓励他努力工作，争取下次获得好的工作绩效与考评成绩。

如果该员工的绩效考评比较优秀，但是他并没有得到加薪，就要仔细地调查原因。是由于工作失误造成的，还是因为该员工的薪酬已经较高，不宜再加薪。

如果是前者，则应该立即纠正错误，对员工进行弥补；如果属于后者，就应向他解释本企业中与他能力相同的其他员工的平均薪酬水平，或介绍同行业其他企业同职位的薪酬水平，以便得到他的理解。

如果员工指出与他能力相同的员工也有加薪，而他自己却没有加薪时，这时尤其要谨慎，千万不要鲁莽行事，不能轻易地将该员工与他所讲的员工进行比较，这样可能会适得其反，可能使他的不满情绪和抵触行为加深。要采用巧妙的方法，如果这两位员工不在一个部门，则可以告诉他每个部门的加薪指标不同，如果这两位员工同属一个部门，则应该交由部门经理进行解释。

尤其是需要警惕这样一种情况，有些管理人员为了照顾要求加薪者的情绪，轻易地答应他的加薪要求，这是件非常不负责任的做法，如果员工们纷纷效仿，那么后果则难以想象了。总而言之，作为领导者应该谨慎处理这个问题。

方式10 对待有后台的下属：
督促其遵守企业的规章制度

关键词：下属·后台关系·领导方式

适用情境：面对有后台关系的下属时可运用此方式。

有一定后台关系的下属，他们往往与一些可能支配你的权力的人物有着千丝万缕的联系，这些人可能是老板的里亲外戚，可能是顶头上司的亲朋故友，可能是某个政府领导的子女，也可能是企业重要关系户的嫡系人马。如何管好这类人物，督促他们遵守企业的规章制度，有效发挥潜力，是对领导者的一大挑战，也是检验管理能力的一块试金石。他们虽是下属却有着压过你的派头，你不但不能够随便处罚他们，还要时时处处地退让和维护他们。在他们面前，作为领导的你，要在他们身上使用领导者的权威似乎不会一帆风顺。但是有后台的下属又是我们不能回避的一个问题，特别是在市场经济活跃的今天,多几个后台对企业并没有坏处。部门经理应该怎样管理他们呢?

怎么管理这类下属呢?作为一个领导者就需要一定的技巧了。我国著名的人力资源专家张晓峰提出了一个建议,对于这样的下属,不妨"设局",在其入职之初,即在同事中造声势,将其地位肯定,满足其虚荣心。同时,让他做自己感兴趣的事,任人所长。将真诚的态度和世俗的人情"手腕"相结合,去打动他们。另外,我们常常不假思索地厌恶这种裙带关系进来的人,有时候忽略了他其实也是一个能做事的人。

晓菊是一家大企业的 CEO,她的部门中有一个下属是公司董事的小姨子,这个女孩多愁善感,她沉迷于古龙武侠中的才子佳人的恋爱故事中,一直都以其中的多情的女主角作为自己效法的对象。晓菊的评价是"这个女孩太多情了,每天都花很多时间处理感情问题,根本无心工作"。但是,显然晓菊是一个足智多谋的领导,晓菊干脆不给她任何工作做,而是让她做起了自己的公关和情报员,派她利用特殊的身份去协调本部门和各部门的关系。而且晓菊在处理相互之间关系上也下了一定的工夫,在和她的沟通上,都是首先了解她的想法,并开诚布公地谈出自己对她的看法,其次再跟她的姐夫商量一下,即公司的股东谈,由他出面来解决很多问题。后来,在晓菊的努力下,下属的姐夫帮助晓菊对他的小姨子做了不少工作,减少了晓菊工作的难度。从此这位下属从难管的角色成为了她得力的助手。

上面的领导通过自己的智慧处理好了这类关系,西方的一个管理学家还专门针对这种情况总结出了处理有后台员工的四大必杀绝技。

一、"捧杀"

针对这类人,既不管他也不理他,任他自我发酵自我膨胀,让他在得意忘形中忘乎所以,彻底暴露其全部弱点,最后自己拔掉"安全阀",最终引火自燃。

二、"淡杀"

在管理过程中,领导者在实施领导行为时,要以制度为依据,适度宽容,制订出有针对性的管理举措，必要时还需统一列出一个该类人员的花名册，独立对待，独立"盯紧"。但要注意的一点是，除了确实是知情达理的人，对这类人应该"平淡"相处，有的还应该"冷淡"处之，切不可过分靠近。即使这个人在工作中做出成绩了，也只能适度表扬。因为这种"淡"是领导者与之相处的正确之道，也只有适度的"淡"，与有后台的下属适当保持一定的距离无疑是一个明智的选择。

三、"柔杀"

员工犯错了，批评和正确处理是领导者的责任。如果这类员工犯错，领导者没有妥善地处理好，就会触发其不正确的思想，加速其个人欲望的膨胀，而一旦这类思想在凝固，这种行为就会在这种层次定格，如果以后再犯同样错误而领导者忍无可忍对其批评的话，就会引发其强烈而畸形的反弹，形成尾大不掉之势头。所以，对这类员工一定要公正地予以处理，并注意保全其面子。必要时可请其介绍人和家人做其思想工作，这一招对管理这类人有着相当微妙的作用。

四、"封杀"

管理这类有后台的员工首先应该从开始处抓起，对于能够拒绝接纳的人就尽量拒绝。对于实在难以拒绝的人，要视他的实际情况，在刚入门阶段就要给他下马威，打掉他自以为是的心理；或者迂回前进，立时给他打上预防针，在新手见面会上公开告诉他：介绍你来的人是希望你为他争光，所以你要不负众望，给你的介绍人争气，不要让他的后台脸上无光。

方式 11 对待爱打小报告的下属：
给他安排一个无关紧要的位置

关键词：下属·爱打小报告·领导方式

适用情境：遇到爱打小报告的下属时可运用此方式。

社会是一个错综复杂的关系网络，作为网络中的环节，每个人都不能逃脱这个庞大的关系网。在一个公司或者企业里，领导身边也经常会有一些喜欢打小报告的下属，这些下属对于领导掌握全局有一定的作用，但是这种人却很容易引起其他下属的不满。面对这样的下属，领导更要采取明智的处理方案。

打"小报告"古已有之。那时候人们一般习惯称之为"进谗言"，意思就是说别人的坏话。在一个组织中，如果这种风气蔓延，则下属将互相猜忌，人人自危，对企业团结有着致命的破坏力。所以，对领导者而言，这绝对是一个不容忽视的问题。

这种人自古就有，古人也曾经有效地探索出处理这种人的几个方法。最重要的就是要求领导要有宽广的胸怀，并且还要有冷静的头脑，不仅要做到古人所说的"兼听则明，偏信则暗"，而且还要有非常好的判断能力。兼听是要求领导者听取不同的意见，以避免一面之辞的片面性。但在兼听的过程中，直言与谗言、规谏与拍马、真情与伪证很难分清楚。如果分不清是非真伪，谗言仍可在"兼听"的旗号下发挥作用。所以，在提出进贤、知人、兼听之后，人们又提出了另一条要诀：明断。

历史上曾经有一个关于梁惠王知人善任的故事：

梁惠王派李复率兵讨伐赵国。但李复的儿子李思正在赵国当官，并且很得赵国国君的信任。李复军队围困住了邯郸，国君命李思上城喊话，要李复罢兵，李复不听，反劝乐舒及国君早日投降。然而，就在这期间，梁国都城已沸沸扬扬。"大报告"、"小报告"都堆到了梁惠王的案头，几乎众口一词认为李复是为了自己儿子的安危而贻误国家的大事，要把李复撤职查办。但梁惠王对此一概置之不理，相反，还特意派人送酒肉到前线劳军。后来攻城的时机成熟了，李复一举平定了邯郸，班师回国。他的儿子李思则被赵国国君烹杀了。李复回到梁国，梁惠王送他一叠奏折，里面装满了李复兵围邯郸期间送到梁惠王手中的各种攻击李复的材料，这使李复大受感动。

从这件事中可以看出明断在其中的重要作用。如果梁惠王缺乏明断，面对着一大堆攻击李复的材料不知所措、疑云暗生，或者真的把李复撤职查办，后果就不堪设想了。梁惠王之所以能作出明断，当然是同他对李复的了解、信任，以及他对战局的正确判断分不开的。

提到明断就不能不提英明的汉武帝在晚年犯的一个严重错误。汉武帝是个雄才大略的皇帝，但到晚年也变得糊涂起来。汉武帝的晚年，疑心病极重，以为周围的人都要害他。江充利用了这一点，诬陷太子，在这种情况下，要当事人自己去辩诬，已无可能。江充为了自己的私利，制造了一起冤假错案，最后冤案造到了太子头上，说太子诅咒武帝，并在太子宫中挖出了事先安置的木偶。太子说不清楚，恼恨江充，便把江充杀了，但是太子却也被杀害了。这个教训无疑是惨重的。

这种情况不只是古人遇到，人们在日常工作、学习、生活中几乎无处不会遇到。它的存在其实是有一定的依据的。现实生活中，有许多领导偏爱这种打"小报告"的人，他们把这些人当做自己必不可少的得力助手，甚至作为单位的中流砥柱，这些领导们了解的单位职员的情况大都来自这些人的"小报告"之中。并且他们认为，这种获知下属的途径实为一条便捷之道。殊不知，天长日久，他们已与其他下属之间出现了一道鸿沟，经"告密者"传递的信息经过"改编"已面目全非，因此，这些领导得到的情况未必是真实情况。

所以要正确处理这种情况，领导者首先应当做到不被进谗者的雕虫小技所惑。这是领导者明辨是非的基础。而明辨是非对一个领导者而言又是一项重要的品质，况且，喜欢打"小报告"的人确实有点小聪明，会耍些花招，但在真正办事能力方面肯定不会突出，否则他就不会去做探子、博上司的欢心。并且领导还应当明白，单位上下所有的人对这种人除了讨厌唾弃外，再无其他的感情而言。

当然了，这种下属并不是一无是处，精明的领导不会重用爱告密的人，但发挥他的这种特长，把他安排在一个无关紧要的位置用劳动锻炼他，使他懂得"成功从来无捷径，甘洒血汗苦用功"，每一位领导都应该牢牢记住：绝对不能提拔爱告密的下属，否则后患无穷。

另外，作为上司应该尽量营造一种宽松和谐的工作氛围，在处理类似事情的时候，作为下属的直接领导者应该主动从自己身上找原因，平时给下属广开言路的机会，加强上下级之间的沟通。

方式 12　对待爱拖延的下属：
深入了解其内心，不断纠正其行为

关键词：下属·拖拖拉拉·领导方式

适用情境：下属工作总是拖拖拉拉，不能及时完成工作时，可运用此方式。

很多领导者都有这样的经验，对自己的某个下属，你明明已经说过很多次，告诉他该什么时候完成自己的工作，但是他还是不能及时完成。原因到底在哪里？于是许多领导便直接喝斥批评下属，但是这种效果作用并不大。其实，如果没有深入了解下属的内心，而是不断地去纠正他们的行为，反而会适得其反，让问题更为严重。面对这种类型的员工，最好的办法是让他负起直接的责任，例如你可以让他担任某个项目小组的领导人，学会为别人承担责任。

　　面对凡事爱拖延的下属，一个好的领导者应该做到勤于跟下属沟通。领导应该事先向他们传达准时完成工作的重要性，并提醒他们哪些地方因为时间关系而无法做到，最好可以事后再调整，这样可以减轻他们的心理负担。而在他们取得成绩时，哪怕是微不足道的小成绩，也不要忘记随时赞扬。通过赞扬会使下属的虚荣心得到满足，将会有利于开展工作、促进交流。对其不良行为和缺点也不宜直接予以否定，应采用委婉或幽默的方式提出来，这样下属才易于吸取教训。事实上，在面对下属的任何问题时，都不应只看外在的行为，而应深入了解心理层面的因素，这样才能对症下药，解决问题。

　　美国著名的将军麦克阿瑟在他的回忆录中，是这样记载他在西点军校的学习生涯的，他说："我接受的第一个观念就是，没有任何借口，不要拖延，立即行动！如果第一次我因疏忽或别的原因没有及时擦亮我的皮鞋，我以种种借口逃脱了惩罚，第二次、第三次……久而久之，至少在擦皮鞋这件事上，我可能就会养成寻找借口的习惯，而这些借口又会让我对擦皮鞋这件事无故拖延"、可见麦克阿瑟的经历不失为一个成功的例子。想想吧，如果不是擦皮鞋，而是在战场上、在修筑工事、在对敌冲锋……这样的习惯将会造成多么可怕的后果，但是将军后来克服了这个缺点，最后终于成功了。

　　其实，商场就是战场，工作就如同战斗。要想在商场上立于不败之地，就必须拥有一支高效的、能战斗的团队。任何一个企业家都知道，对那些做事拖延的人，是不可能报以太高的期望的。

　　职场中，今天该做的事拖到明天完成，现在该打的电话等到一两个小时以后才打，这个月该完成的报表拖到下个月，这个季度该达到的进度要等到下一个季度，今年该完成的任务拖到明年。人们都有这样的经历，清晨闹钟将你从睡梦中惊醒，想着该起床上班了，同时却感受着被窝的温暖，一边不断地对自己说该起床了，一边又不断地给自己寻找借口"再赖一会儿"，于是又躺了5分钟，甚至10分钟……凡事都留待明天处理的态度就是拖延，这是一种很坏的工作习惯。每当要付出劳动时，总会为自己找出一些借口来安慰自己，总想让自己轻松些、舒服些。

为什么有的人如此善于找借口，却无法将工作做好，这的确是一件非常奇怪的事。因为不论他们用多少方法来逃避责任，该做的事，还是得做。而拖延是一种相当累人的折磨，随着完成期限的迫近，工作的压力反而与日俱增，这会让人觉得更加疲倦不堪，这显然不是一个明智的选择。拖延的背后是人的惰性在作怪，而借口是对惰性的纵容。喜欢拖延的人往往意志薄弱，他们或者不敢面对现实，习惯于逃避困难，他们面对目标和想法太多，导致无从下手，缺乏应有的计划性。另外，有的人认为条件不成熟、无法开始行动也是导致拖延的原因之一，但更多的时候这被证明是一个借口。

我们常常因为拖延时间而心生悔意，然而下一次又会习惯性地拖延下去。几次三番之后，我们竟视这种恶习为平常之事，以致漠视了它对工作的危害。但是，拖延绝不是一种无所谓的耽搁。一个公司很有可能因为短暂的拖延而损失惨重，这并非危言耸听。

1989年3月24日，埃克森公司的一艘巨型油轮在阿拉斯加触礁，原油大量泄漏，给生态环境造成了巨大破坏，但埃克森公司却迟迟没有做出外界期待的反应，这在当时掀起了轩然大波，以致引发一场"反埃克森运动"，甚至惊动了当时的布什总统。最后，埃克森公司总损失达几亿美元，形象严重受损。

由此可见，拖延并不能使问题消失也不能使解决问题变得容易起来，而只会使问题深化，给工作造成更加严重的危害。本来很小的问题，会像滚雪球那样越滚越大，解决起来也越来越难。所以，作为一个企业的领导应对这一方面要警惕。

方式 13 对待办利用公时间化妆的女下属：
要视情况处理

关键词：女下属·办公时间化妆·领导方式

适用情境：面对女下属利用上班时间到洗手间补妆时，可运用此方式。

对于大多数女性来说，化妆是她们的一个天然的爱好。当心情好的时候，她们喜欢化妆，这样可以使自己更有心情；而心情不好的时候，她们更依赖面上的妆容，因为它们可以隐藏真实的自己，并在这个过程中打发掉这种令人不愉快的时光。对于女性职员来说，化妆就是生活的一部分，并且是不能缺少的一部分，从这个意义上来说，化妆就是生命。

但是，不少女性职员往往无法控制住她们这种爱美的习惯，对于一个职业女性来说，在上班的时候打扮显然是一个令老板很不喜欢的行为，对于喜欢利用上班时间到洗手间化妆或者补妆的女性下属，不少领导者往往沉不住气，他们往往直接地批评这些女白领，但是效果往往并不好。怎么办？考验领导智慧的时机来了，对于这种情况，领导者大可不必一刀切地批评，应该分情况对待。对于那些只是利用化妆的时间放松自己神经，并且占用时间并不很长，不会影响整个工作的进展，那么领导不妨支持。因为通过补妆，自己的女下属不但容光焕发，而且工作更有效率，领导何苦吃力不讨好地管制她们呢？但是对于那些利用上班时间经常去补妆、严重影响了工作进展和效率的女下属,领导根本没有必要姑息她们,应该及时制止,否则很可能导致其他女性下属效仿,造成工作上的损失。

2008 年 9 月的一天,上海的一家著名的心理咨询机构决定解聘他们公司的一名女秘书。本来解聘一个女秘书也不是一件什么大不了的事情,但是他们提出的这个解聘的理由却很惊人:该秘书利用上班时间经常去化妆。这在当时的社会上引起了很大的反响。记者来到该公司,看是否确有此事。该公司老总对此给予证实,并说:"我们辞退她主要是考虑到公司的形象问题,她的这种行为影响很坏。"

该公司老总说,现在提倡建设企业文化,树立企业形象和品牌,容不得这样无视纪律的行为。公司是做生意的,做生意就得和客人打交道。作为公司的秘书,可以说是公司的形象大使,她的一举一动,对生意的促成很重要。顾客来了,见到你的秘书就倒胃口,还谈什么生意? 谈不成生意,叫公司怎么运营下去?公司不是要每个员工都必须潇潇洒洒、漂漂亮亮。我们只要求她注意自己的形象,上班时打扮一下、精神点,不要太邋遢,让顾客反感,这不但不过分,应该还是一个值得鼓励的行为,但是她在上班时经常化妆就有些不对了。

方式14 对待爱迟到的下属:
先听听迟到的理由再做决定

关键词:下属·爱迟到·领导方式

适用情境:面对经常迟到的下属可运用此方式。

无论是在企业还是其他的事业单位,偶尔的迟到都是无法避免的。但是作为一个领导，在面对着一个又一个的迟到者时，总不免要生气，特别是对于那些习惯迟到的下属。正确处理这种局面，不仅对于整顿公司的纪律有很重要的作用，也是考验领导智慧的一个重要的方式。

有的人经常迟到，而有的人一年当中可能就迟到了一次，不同的员工不仅在次数上有着很大的区别，就是在迟到的原因上也差别很大。所以领导对于这些迟到者，必须因人、因事而异。但是，所有的领导都应先听听下属迟到的理由，以此来对他们的迟到做出处罚或者是原谅的决定，而不是应该固执己见地意气用事。

有的下属会坦白地说明自己的迟到原因，如果说得符合事实并合情合理，并且也值得原谅，那么领导当然没有难为他们的理由。而如果下属的理由很牵强，而且又没有逻辑性，那么对这样的下属就应该提出批评，并且也要注意他们以后的行为，看是不是经常犯这样的错误。

当然，通过对于下属原因的解读，领导者能做出的事情应该更多，细心的领导能发现更重要的信息，也就找到了一个展示领导关怀的一个 T 型台。比如有的下属解释自己的迟到是因为晚上睡不着，身体感到不舒服，早上到医院去了。那么领导就应该重视，问清楚下属的病情是否很严重，能不能坚持工作。如果病情严重的话，就应该让他们回家休息，以免病情进一步恶化。如果下属解释迟到的原因是家里发生变故，领导则应该及时地去安慰一下下属受伤的心灵。领导如果处理得合情合理，下属自然也会心服口服，感激领导对自己的关心，工作也会更加努力，从而收到一举两得的效果。

美国密歇根大学成功学专家阿罗·汤姆森曾经在他的一本书中说了一个他亲身经历的事件，他说道："我曾经是一个部门的领导，并且亲自抓过员工迟到这件事情。迟到本来就是难免的事情，用不着大惊小怪。如果只是偶尔遇见一个迟到进厂的员工，他低着头斜着身子溜过去，我从不去责备，也不会呵斥他站住。"但是汤姆森又认为有两种迟到的情况总经理要亲自管：一是重要成员多次迟到，比如总工、财务总监、营销副总、采购经理等，你得亲自去了解他个人或家庭出了什么问题没有,或工作有无重大失误,还是有离职之意;二是整个公司员工迟到成为流行病,连续 3~5 天迟到率都不低于 5%,那就是大问题,说明人心涣散。而在那一次他碰上的是第二种情况,太多人迟到,于是汤姆森通过明察暗访,试图去弄明白公司普遍存在的员工迟到的原因。

他首先召开了一个企业中层干部会议,并宣布"从今天起,我是本公司的总经理,各位的工作该怎么做不要问我,我目前只抓这一件事。普通员工迟到我不管,我只管在座的各位,包括我一共 8 位。大家都不愿早早上班,说实话,我也不想。可以由 8 点上班改为 10 上班,不会迟到了吧,但晚上 8 点下班(有人插话说太晚了),我还没权力把每天 8 小时工作制改为 6 小时,我们的效率也还达不到。从明天起,我只做一件事,管 8 个人的迟到问题。"

每天 7 点 30 分他站在厂门口迎接员工上班。如另外 7 位干部中有 8 点后到的,他会与之对表,看看是不是他的表出了问题。没必要说人家不对,傻瓜都懂得迟到不对,结果迟到的现象就慢慢地消失了。

作为领导者,总是难免要遇到各种性格不同的下属。面对不同的员工显然不应该采取完全一样的措施,这种一刀切的作风,不仅忽视不同员工各自的独特性,也不利于企业的长远发展。如果能够尽量学会和各种不同性格的下属打交道,努力和更多的人相处得好,把他们管理得服服帖帖,工作起来相互协调、密切配合,这才是一个成功的领导者所应该具备的素质。

方式 15 对待爱揭人之短的下属：
以静制动，找机会主动出击

关键词：下属·揭人之短·领导方式

适用情境：面对爱揭人之短的下属时可运用此方式。

在公司中经常会遇到喜爱揭人短处的人，这种人非常的可恶，这种人通常先发制人，令人很尴尬和难堪，尤其是这些人还善于找"后台"来撑腰。这个"后台"就是支持他的某些领导，他懂得怎样得到领导的重视，他搜集小道消息或情报并传递给领导，让领导能更清楚地了解公司内的实际情况。这种人也许偶尔会对领导有作用，也为自己创造了在企业生存的空间。但是长此以往，会破坏公司和谐的气氛，从而影响公司长远的发展。但是对这种人又不可鲁莽行事，如果作为上司去和这样的下属硬拼，那就正中他的下怀。聪明而且正确的做法是先要冷静剖析事件形成的原因，再分析他的性格，以静制动，最后再找机会主动出击，分别找到相关的人士做一次沟通。

另外，作为上司应该尽量营造一种宽松和谐的工作氛围，出现这样的事件，作为下属的直接领导者应该主动从自己身上找原因，平时给下属广开言路的机会，加强上下级之间的沟通。

王丽芳是一家企业的文职人员，她性格内向，不太爱说话，不属于那种爱拨弄是非的人，可每当就某件事情征求她的意见时，她的话总是在揭别人的短处，所以她说出来的话总是很刺人。

一次，老板交给王丽芳一个难度很大的任务，并跟她事先声明"这件事难度大,你敢不敢承担,敢不敢接受挑战。"尽管王丽芳明白自己的实力,她觉得在公司众人中,老板主动找她征求意见,说明老板器重自己,所以王丽芳一咬牙就接受了。结果,由于老板给的期限较短,王丽芳的确没能按时完成任务。结果因为此事王丽芳遭到了老板的批评,并受到了经济处罚。

可她感觉非常委屈也很气愤。王丽芳认为:既然任务这么艰巨,做不完本是预料中的事。自己当时那么努力,没做完也不该算是工作失误。

"老板真过分,这么短的时间里,让我干那么难的活儿,我都说做不了,可他非让我做,这老头太不近人情了。"事后,王丽芳跟身边同事都这么抱怨。结果不久,一个同事添油加醋地将这句话传到老板耳中,并且说王丽芳能力低下等等,将她的缺点和不足都跟老板说了。于是一段时间后,老板又给她新任务,还好,这回王丽芳完成得相当顺利。正当王丽芳高兴时,老板又把一个难度更大的任务交给他。王丽芳无奈之下只好走人。

这种爱揭人之短、喜欢打听别人秘密的员工,有点风吹草动便草木皆兵,防范心理极强。有点小事爱添枝加叶,描绘得有声有色。若搜寻不到告密的"素材",就要兴风作浪,搬弄是非,炒新闻,向领导交差。

方式16 对待喜欢炫耀的下属:给予适当的点拨

关键词:下属·炫耀自己·领导方式

适用情境:面对爱炫耀自己的下属时可运用此方式。

在生活中经常会碰到这样的人,他们非常喜欢人前人后地炫耀,或者是其身上穿着的名牌服装,或者其才华横溢的能力,以及出色的工作业绩。总之,炫耀的东西千奇百怪,而炫耀的情况会因男女而有差异。

对于一个男性来说，他经常炫耀的对象主要分为智能与体能两方面。例如职位、工作能力、学历、成绩等，这些是智能上的炫耀；而体能上的炫耀，则以爱好某项竞技运动等。而女性炫耀的对象，则有关服装、化妆品、丈夫、男朋友、孩子，甚至男性对自己的好感等。更有甚者，他们没有可炫耀的对象，就搬出自己的亲戚朋友，甚至只有一面之缘的人，也成其炫耀的对象。

这种种表现，其中有的是"自卑情结"引出的"自卑补偿"。自卑情结，一般是在人幼年时种下的。孩子的认知像一张白纸，"笨蛋"、"残废"等一点点有关自尊的伤害，都会在他的心灵里扎根，长出自卑的树来。"自卑情结"植根于人的潜意识中，很可能连他本人都没有意识到，但它总会有所表现，有的直接表现为退缩，有的却与之相反，如变得更加争强好胜。心理学家阿德勒称这种现象为"自卑补偿"。

"自卑补偿"让很多人获取了成功。如，拿破仑、纳尔逊身材矮小，但却在军事上大有作为；而阿德勒，自小驼背，在蹦跳活跃的哥哥面前自惭形秽，但他却奋发努力，在心理学上成果辉煌。但有的"自卑补偿"，却让人陷入了种种的心理障碍。

王某在一家民营公司工作，在工作之余，她喜欢夸张地炫耀自己，父亲只是厂里车间的一个班长，她却说他是厂领导；妈妈是街道干部，她却说她在政府部门担任要职。所在部门若有活动，她指手划脚安排东安排西，好像只有她最能干；工作上总喜欢和别人争论，而且不占上风不罢休；同事聚餐，她抢着点菜买单，而且还会把菜谱介绍得有声有色。

据了解，王某小时候，因是女孩而不被父母喜欢。在小学三年级时，因拿了邻居家的手表，而受到父母的打骂。尽管她认识到了错误并进行改正，但事后父母仍揪住此事不放，一旦她稍有不对，就讽刺她，还在左邻右舍前令她难堪。

在这个案例中，王某小时候受到父母的责骂与毒打、社会舆论的评头论足、说长道短，都增加了她的心理压力，诱发了自卑心理。她之所以总想表现出博学多识,永远都正确,喜欢与持对立观点的人辩论,是因为消极的自我暗示在她的潜意识中,总是不断地出现,让她不由地想在炫耀中,或与别人的冲突中,证明自己的价值。

周一,大家刚匆忙赶到办公室,小徐就开始炫耀她手指上闪闪发光的新钻戒了,她一面假笑着对周围人说:"这个啊不算什么,我老公说下次要给我从南非买一只5克拉的钻戒。而且下个月说不定我要请假咯,我老公要带我去香港庆祝我们结婚5周年,还会有大采购哦!"

虚荣心理的产生往往是那些缺乏自信、自卑感强烈的人进行自我心理调适的一种结果。某些缺乏自信、自卑感较强的人,为了缓解或摆脱内心存在的自惭形秽的焦虑和压力,试图采用各种自我心理调适方式,其中包括借用外在的、表面的荣耀来弥补内在的不足,以缩小自己与别人的差距,进而赢得别人对自己的重视和尊敬,虚荣心便由此而生。

几乎每个单位中都会有这样的炫耀型员工,他们时而过火的炫耀会让同事和领导者感到哭笑不得。管理这类型下属的原则是你不必动怒。因为自以为是的人到处皆有,这很正常,不必自卑。你就是有再多的才能也不会在各个方面超过所有的人,谁都既有长处又有短处?

首先,仔细分析下属这样表现的真实用意。一般下属只有在怀才不遇时才会表露对上司的不满。如确实如此,就要为之创造条件展现其才能。当重担压在肩头时, 他便会收起自己的傲慢态度。

如果他的炫耀确属自己的性格缺陷,你要旁敲侧击地提示他。而不必直接用"穿小鞋"的行动压制他。因为他们会越压越不服,长久下来,矛盾会越来越严重。对不谙世故者可予以适当的点拨,语重心长、有理有据的谈话可以改变对方的认识。

著名的成功学家拿破仑·希尔认为,要想掌握高超的用人之道,必先要做到知人善任。知人,指的是对人的考察、识别、选择,就是要了解人;善任,指的是对人要使用得当,就是要善于用人。知人善任,就是要认真地考察人才、了解其特长和不足,把每个人都安排到适当的岗位上去,使他们取长补短,充分地让各自发挥自己的特长。这是做好领导工作的最重要的任务之一。俗话说得好,企业就好比一部复杂的机器,有了先进科技、合理的结构和合理的操作规范,还必须有高质量的操作人员。而领导干部就是这个决定性的操作人员。

当今世界各国都极其重视人才的选拔和任用,重要骨干的选用是否得当,已成为企业经营好坏和能否取得成就的重要保证,所以美国有的大企业董事长、总经理等领导者现在要花40%或更多的时间用在选人用人的各种工作上,可见这个问题的重要性。

方式17 对待自卑胆怯的下属: 给予开导和鼓励,激发其斗志

关键词:下属·自卑胆怯·领导方式

适用情境:当下属在工作中出现胆怯、不自信时,可运用此方式。

我们每一个人,每一天都在自己跟自己说话,跟自己交流。虽然绝大多数情况下,并没有出声,并没有念念有词,但它除了没有动用声带以外,和有声的自言自语的区别,并没有你想象的那么大。笔者认为,没有人会把一个人思考时的那种"自己跟自己说话"看成不正常。

人是一个有思想的动物,同时,人又是一个社会动物。虽然人在一些特殊情况中,变得不那么"社会"了,这主要是因为,人在相对不自信、自我感觉不好时,非常忌讳让别人知道或者看出自己和自己力求维持的形象的不同。但是,他的大脑并没有闲着,而且,因为人有思想、有语言、有倾诉和交流的心理

需要，还会在自己一个人的环境内造出一个"社会"来，于是就有了自言自语。这不奇怪，你看唐代大诗人李白，明明是一个人喝闷酒，还要"举杯邀明月，对影成三人"，把一人独饮变成一个酒会。只可惜，我们多数人没有李白那么浪漫、洒脱。

但是，有人可能因自言自语的习惯，导致无法与组织、团体中的其他人相处。总之，一个自信的人，绝不会自言自语。首先，我们要搞清楚什么是"自言自语"。这种人往往需要和他人交流和沟通，否则，自己最基本的心理需要得不到满足，郁闷得不到排除，就会"憋"出各种各样的问题。这些问题的初期症状最容易在男人中年小有所成的人身上体现出来，从另一方面来看，也许对于这些人来说，也是一个好事。它就像一面镜子，能帮助我们注意到自己忽视了什么，及时作出调整。

一般来说，自言自语正常与否，不取决于是否出声，而是在了解这个人的通常习惯和特点的基础上，注意它与这个人本身的"个人正常值"之间的变化的大小。比如，一个人从来不出声地自言自语，而近来却经常不由自主地自言自语、唠叨不停。这种行为和他通常的"个人正常值"出入太大，那么，就有可能是问题的体现。或者，自己那不出声的自言自语，频率变得越来越勤，也越来越激烈，可能弄得自己烦躁不堪，甚至有了头疼、失眠、失去食欲等生理症状，那么，这种情况就必须引起你的重视了。心理学将这种无声的、越来越勤、越来越激烈的自言自语称为"思维爆炸"。

南方一家电视台有一个著名栏目的主持人就有这个毛病。他是一个观众朋友非常喜欢的主持人，但是不知道为什么，每一个月他就会有那么几天，经常自言自语，感觉浑身不自在、不舒服。有时候没声，有时候有声。其他人看到了都觉得非常别扭。比如去买菜、遛弯儿时自言自语，被别人看到自己嘴在动，有时甚至出声，难免让人觉得这人有毛病。本来这个主持人没在意，但因为别人的反应，他也开始觉得有点不对劲。而且他还发现，有时自己会在自言自语中把自己的情绪"说"坏，把自己"说伤了"，搞得自己烦躁不堪，甚至有了头疼、失眠、失去食欲等生理症状,弄得自己非常的憔悴。

　　后来这个主持人反复地去看医生,医生的诊断结果是他的压力太大,需要放松,这些症状的表现显然是他生活中的一些其他问题。这个主持人其实自己也非常清楚自己的症状是因为工作压力很大,但是没有太多应对压力的办法。同时,他也没有好朋友可以任他宣泄,在人际交往和交流沟通方面也比较胆怯。电视台的领导了解了这个情况之后,主动地去找这个主持人谈话,并给他打气和减压,后来经过电视台领导的开导和鼓励,这个主持人慢慢地克服了这个毛病,以更加高昂的斗志投入到工作之中。

第三章

"榜样式"领导
要领导别人，先管好自己

　　正如著名管理学家帕瑞克所说的，"除非你能管理'自我'，否则你不能管理任何人或任何东西。"示范的力量是惊人的。一旦通过表率树立起在员工中的威望，将会上下同心，大大提高团队的整体战斗力。得人心者得天下，做下属敬佩的领导将使管理事半功倍。

方式18 用自己良好的形象去影响下属

关键词：领导形象·非凡魅力·影响下属

适用情境：作为领导者，不知道自己应以什么样的外在形象面对下属时，可运用此方式。

做领导要讲形象。任何一个人都要以独特的形象立足于社会，领导人尤其要这样。作为领导必须树立一个良好的形象，其要害有二：第一，要讲实"形"。做领导首先要有形，要像个领导的样子，但必须实在，切不可为塑造自己的所谓形象，故意让人捉摸不透，这是心里发虚、虚张声势而已。第二，要讲大"象"。"形"与"象"的区别在于，小象有形而大象无形。一个领导，如果做事实实在在，说话坦坦荡荡，做人无"架"无"势"，无形无状、平平常常，就能达到"大象无形"的境界。

做领导诚能做到以上两点，不但得意不"妄"形，而且失意也不"妄"形，便不再是难为之事了。所以，领导人形象修炼的最高境界，在于知高大而止于平常。

培养超凡的魅力应首先从关注外表形象开始，外表形象是领导者所必须关注的。一个人的外部形象如何，常常向人显示了他是谁，也显示了他的自我感觉如何。对于领导者来说，外表形象就是他给员工、给客户的第一印象，而第一印象往往能持久。又如，在行走中昂首挺胸、充满自信的领导者往往让他人乐于交往，而怯怯生生、缩头缩脑的领导者则让人鄙夷。那些衣着怪异、头发凌乱、长期不削剪指甲、领带污迹斑斑、衬衣下摆外露的领导者很难体现自己的魅力。有时衣着随便草率往往是领导者某种个性的体现，但是他人却认为是该领导者马虎大意，很难思维缜密。对于领导者来说，外表形象不仅是个人形象问题，而且是企业整体形象问题。

领导者魅力更多的时候还表现在用一种非语言的交流方式。有一项研究表明，人的情感沟通能力只有70%通过语言所表现，37%在于话中所强调的词，而有56%与言辞完全无关。也就是说，领导者魅力的建立更多的时候不在于你怎么说，而是在于你怎么做和怎么表现你自己的想法。外表形象无疑是重要的一环。别人对领导者的第一印象，一半以上受到领导者外在形象的影响。企业常常花费数百万元就是为它的产品寻找一个合适的包装，以此来吸引顾客的注意，对于领导者来说，领导者的形象就是领导者的包装。"任何一个做市场的人都会对你说，第一笔生意的成交85%受产品外观的影响，同一产品第二笔生意的成交85%受产品质量和内涵的影响。所以首先是包装，其次才是内在的东西。我们就像摆在货架上、装着麦片的包装盒，你得问问自己怎样才能让别人把你从货架上挑下来，而不是选择摆在你旁边的那些包装盒。"制胜之道公司的创始人苏珊斯克里布纳博士曾经这样说道。

领导者应该培养一种让自己都感觉舒服的外在形象，通过这种外在形象来形成个人风格，这种风格能恰当地表达自己是领导者，而不是表达别人。领导者的个人风格和企业密切相关，它就是企业的象征。

外表形象的另一个重要方面就在于对肢体语言的控制。如果领导者的肢体语言表现出缺乏自信，那么领导者的信誉和能力都将受到质疑。对于业务员来说，和客户初次接触时的肢体语言直接决定了交易能否达成。同样对于领导者来说，肢体语言所传达的信号很可能在几秒钟决定领导者的成败。比如，坐立不安的领导者很明显是缺乏信心，谁愿意和缺乏信心的领导者合作呢？而这个形象难题是很难克服的。研究表明，当领导者不停地摆弄他的手脚，便意味着他想离开现场，这是一种透露出心不在焉的信号。因此对于领导者来说，在任何时候都要带着"我能控制局面"的自信，让自己的表现放松。

眼神是体现领导者超凡魅力的重要方面。一个领导者的魅力在很大程度上是通过眼神来表现出来的。富有魅力的领导者都知道如何控制自己的眼神，以便使自己看起来就像是世界上最重要的人物一样。对于领导者来说，将注意力集中在谈话对象的身上是为了表示尊敬，同时向对方表明你对话题很感兴趣。同时，将注意力集中在谈话对象的身上还是为了表现自信、正直和诚实。

如果领导者拒绝直视对方的眼睛，对方往往会感到那是一种侮辱。一个汇报工作的员工如果发现领导者根本就不看他的眼睛，那么他的心情是可想而知的！

美国公布了一份权威调查，显示了美国近 20 年来，政界和商界成功人士的平均智商仅处于中等，而情商却很高。

实际上，领导者以什么样的心态去塑造自己的形象是至关重要的。外在形象是个人素养、品格个性的自然体现，一个内向寡言的人，不可能永远扮演演说家的角色。同样，一个性格强硬的人，也不可能总是温情脉脉。每一种形象都有其魅力，根据自己的特点树立公众形象，才能个性鲜明，具有感召力。如果过于做作、刻意、扭捏作态，结果会适得其反。

塑造个性不等于不修边幅。很多人将不修边幅当做张扬个性的手段，这种做法在艺术界没人见怪，但对企业家来说，在某些特定场合注重着装仪表，却非常重要。想当年，IT 大潮波澜壮阔的时候，"小超人" T 恤衫、牛仔裤、甚至剃了个板寸标榜他"IT 精英"的派头，但面对投资人的时候，他也是西装革履，以沉稳成熟的形象示人。由此可见，展示个性要分清场合。

方式 ⑲ 以良好的行为赢得下属的尊重

关键词：模范作用·良好行为·赢得尊重

适用情境：作为领导者,想知道自己该以什么样的行为管理下属时可运用此方式。

负面教训之所以让人印象深刻,是因为最有益的经历往往是那些能真正触动你内心的东西。经理人会深陷到"老板"这个角色中,忽略了对下属的关注。约翰森曾当过教授,担任过一家广告公司的联合总裁及负责银行市场推广的高层管理人员。他于 2006 年初开始掌管人力资源服务公司 Kelly Services。以下是他们对于关于培养良好的管理行为提出的几条重要建议:

绝对不要当众让员工出丑

约翰森曾为一位硅谷企业家担任顾问,这位企业家以能让合作伙伴发财、也爱当面呵斥他们而"闻名"。在一次会议上,这位企业家对一位才华横溢的经理人提出的方案大加攻击。"这是我这辈子听到的最愚蠢的想法,我对你失望透了。"那位经理人为此沮丧了数个小时,这使他原有的自己是管理精英的感觉从此之后彻底消失。目睹了这个经过以及它所产生的后果让约翰森学会了对别人的"弱点"要更加小心对待。几年之后,怀特负责管理密歇根大学商学院,那时他经常讥讽其他竞争学院。不过,他很快就不这么做了,因为他了解到有几位同事曾就读于那些学院。

闪电式决策或许是错的

做老板的就应该行动迅速。约翰森回忆道,他以前在 KeyCorp 的上司经常在一个小时内将一周要做的决定全部敲定。于是,当约翰森在 1995 年加入

Kelly Services 的时候，他也尽力效仿这种做法。当时，他迅速拒绝了合作伙伴提出的将业务多样化、开展招聘及派遣代课老师业务的建议。"我有 6 个充足的理由说明我们为什么不应该那样做，"他说。"我当时更关注的是那么做的风险。"后来他的下属们又曾 5 次提到这个建议，约翰森最后改变了当初的决定。Kelly 在 1999 年开办了这项业务。约翰森说，"现在我们平均每天要派遣 3700 名代课老师，这已经成为我们增长最快的业务之一。"事后他发现，一位怀有良好初衷的老板仍有可能掉入"认为自己无所不知的陷阱"。

不要设定不可行的期限

约翰森曾在 Sun 电子计算机公司担任高层管理人员，当时他曾对一位将"最后期限"看得高于一切的上司感到十分沮丧。他说："人们很难分清什么是重要的事。"但是，在约翰森担任经理之后，他也犯了类似的错误。他曾经为了满足一个新产品的发货期要求而不断对一个团队施加压力，以至于他们不再寻找这个新产品存在的缺陷。面对巨大的时间压力，"所有人都只说你想听到的话，"他评论道。"我当时没有意识到问题有多大。"他想打消团队成员的疑虑，并表示他想听到真实的情况。"但是我花费了数年时间才重新获得他们的信任，"他说。

尽量避免占用下属的私人时间

在约翰森职业生涯的早期，他的一位很有才能、雄心勃勃的老板每周日下午都要举行三个小时的员工会议，只是为了显示他比公司内部的竞争对手更加强硬。约翰森说，这种做法只会让所有人都感到不快。现在，约翰森在工作时间外打扰员工之前都要问自己，这样做是不是有必要。"如果大家知道你努力尊重他们的私人空间，他们会在正常的工作时间内更加努力地工作。"

要记住"看法"就是现实

当约翰森还是一名销售代表的时候，他的负责人将最好的销售区域给了一位大家都认为表现并不好的销售员。这位销售员靠讨好老板而获得了超过其他人的业绩。约翰森说："因为这个，我尽快换了工作。" 约翰森成为 Kelly

Services 的首席执行长之后,当听到一位员工对他抱怨说:"大家都认为某某是你最喜欢的。"他感到十分惊讶。约翰森认为自己并没有根据个人喜好来决策,但是他意识到,他必须更加注意自己对待每个人的方式以及他所营造出来的工作氛围。他承认,即使是最好的老板也很难站在别人的角度来考虑问题。

在实际的管理中要注意的不仅仅是这些。伟大的管理学家凯茨·德里弗斯曾经归纳了 15 种比较典型的愚蠢行为,现在我们一个一个地来看一下。

一、天生喜欢引人侧目。这种人为了某种理想,奋斗不懈,在稳定的社会或企业中,他们总是很快表明立场,觉得妥协就是屈辱,如果没有人注意他们,他们会变本加厉,直到有人注意为止。

二、专横跋扈。对下属实行专制,是导致行政行为失败的重要原因。龙某是一个对下属专制的银行行长。银行里什么事情他都要管,有些是在行长会议上决定了的,一到全体员工大会上,他说变就变了。他在外面喝酒,有一个人说了一句话,说他管不住职员 A。回去后,龙某马上免了职员 A 的职务,把他放到保卫科去。几次下来,整个企业变得死气沉沉。

三、事无巨细,一概管到底。这种领导者在家族企业中比较盛行,什么事情都要亲力亲为,都要管理到位。在企业的开创阶段是行之有效的,但是到了一定的规模就不行了。这是很多企业在初期发展快,但是到了一定程度就上去不了的主要原因。当组织只有十来个员工的时候,一个老板是可以面面俱到的,但是到了 100 人、1000 人呢?产值到了 1000 万、5000 万、1 亿元呢?单纯的功能管理肯定是没有效果,甚至是有害的了。

四、躁狂管理。明显的特征是努力工作,而不是聪明地工作。他们精力旺盛,热情高昂,不知道自己在做什么。他们只关注组织内的事情,不看窗户外面的世界。前几天一个电脑维护人员说某电脑企业难以为继,原因是注重价格低廉,没有提高产品的质量。热衷于低价位的产品,保证质量就成了问题,企业最后会走向衰败。这是不可避免的。

五、轻视下属。这种领导者明显的特征是自认为高人一等,自以为是,不把下属放在眼里，不知道下级的重要性和价值，不尊重下级，不给下级面子，高不可攀的领导就是我们通常说的高高在上的意思。特点是与下级隔绝，下级要找到他们很困难，更不用说面对面研究工作了。在历史上，一些国家的领导人，往往把自己关闭起来，所有指示与政令都是通过工作人员来传达。这样的结果是很危险的。

六、压制下级。这种领导行为是领导只关心自己，不管别人。他们竭力阻止下级闪光、出成绩，把下级的成绩揽到自己的名下。笔者曾经就遇到过这样的领导，所以他干脆采取消极的方式，应付了事。这些人是不惜踩着别人的肩膀向上爬的。为了达到自己的目的，在上司面前说自己下级的坏话，也是很普遍的。现行的行政体系，就是这样的体系，下级做的事情，上级都可以毫不客气地截留作为自己的功劳。

七、拒绝沟通。特点是不愿意或很少与下级交流和沟通，因此不能从下级处获得信息及好的工作建议。对同事不信任，就会产生不安感。组织里充满这种因素，是很危险的。一个人在这样的组织里工作，是得不到任何好处的，最好的办法是赶快离开。记住：当你发现骑着的是一匹死马的时候，最好的办法是赶紧下马。

八、被困难绳捆索绑。他们是典型的悲观论者，喜欢杞人忧天。采取行动之前，他会想象一切负面的结果。这种人担任主管，会遇事拖延、按兵不动。因为太在意羞愧感，甚至担心部属会出状况，让他难堪。这种人必须训练自己，在考虑任何事情时，必须控制心中的恐惧，让自己变得更有行动力。这种人总是觉得自己决策有不妥的地方。我做的决策到底对不对？他们总是这样怀疑。

九、不懂装懂。工作中那种不懂装懂的人，喜欢说：这些工作真无聊。但他们内心的真正感觉是：我做不好任何工作。他们希望年纪轻轻就功成名就，但是他们又不喜欢学习、求助或征询意见，因为这样会被人以为他们不胜任，所以他们只好装懂。而且，他们要求完美却又严重拖延，导致工作严重瘫痪。

十、管不住嘴巴。有的领导者往往不知道，什么话题可以公开交谈，什么内容只能私下说。这些人通常都是好人，没有心机，但在讲究组织层级的企业，这种管不住嘴巴的人，只会断送企业生涯。他们必须提醒自己什么可以说，什么不能说。

十一、疏于换位思考。这种人完全不了解人性，很难了解恐惧、爱、愤怒、贪婪及怜悯等情绪。他们在通电话时，通常连招呼都不打，直接切入正题，缺乏将心比心的能力，他们想把情绪因素排除在决策过程之外。这种人必须为自己做一次情绪调查，了解自己对哪些感觉较敏感；问朋友或同事，是否发现自己忽略别人的感受，搜集自己行为模式的实际案例，重新演练整个情境，改变行为。

十二、逃避矛盾。这种领导最大的特点是遇到矛盾绕个弯走，做老好先生。就像三国演义里的那个水镜先生司马徽一样，总是说好话。不管别人说什么，都是回答："好！"有一次，别人告诉他一个噩耗，说某某的妻子死了，他听了之后，说："好！好！"有些领导就是这样，对任何事情都做好好先生，不发表自己的看法。他想对每一个人都好，总想取悦于每一个人。对一切都采取妥协的办法，最后这样的组织是要出问题的。如果是企业当然会垮掉，如果是行政机构，那就干不成任何创新性的事情。大家的积极性也会受到打击，整个单位无精打采，表面是一团和气，实际是支离破碎。

十三、非黑即白地看世界。这种人眼中的世界非黑即白。他们相信，一切事物都应该像有标准答案的考试一样，客观地评定优劣。他们总是觉得自己在捍卫信念、坚持原则。其实，这些原则别人可能完全不以为意。结果，这种人总是孤军奋战，常打败仗。

十四、无止境地追求卓越。这种人要求自己是英雄，也严格要求别人达到他们的水准。在工作上，他们要求自己比部属做得更多、更快、更好。结果部属被拖得精疲力竭，离职率节节升高，造成企业的负担。

十五、强行压制反对者。他们言行强硬，毫不留情，因为横冲直撞，不懂得绕道的技巧，结果可能伤害到自己的事业生涯。

方式⑳ 公私之间要把握准火候

关键词：模范领导·事事为先·严格要求

适用情境：领导者在公事与私事之间犹豫不决时可运用此方式。

家丑不可外扬，不可把过多的私人关系卷入办公室。领导者的一些重要的私人关系，不宜向员工、同事透露。如果领导者的亲人、朋友过多地出入于你的办公室，也会造成公司高层人物对你的不信任。

领导者的家庭住址最好与公司地址距离较远。虽然每天上班还要来回坐车，但却可以有效地把公事、私事分别开来。领导者在与自己的亲戚朋友之间私人往来时，留给他们的个人地址，应该是家庭住址，而不是办公室。留给他们的电话号码也应该是家中的而不是办公室里的。这样你那些亲朋好友在找你时，可直接找到家中。

领导者还应管好自己的私人用品。个人物件最好不要带到办公室里。带到办公室里的必需品也要刻意保管好。比如一些药品、私人信件、书籍等等。

领导者的一些私人活动，也以远离公司为妙。比如老板请别人到饭店吃饭，席间要谈一些重要事情，如果不巧碰上你的员工，可能产生很尴尬的场面。另外领导者的洗浴、美容等个人活动，也以远离公司为妙，以免与公司熟人发生"撞车"的可能。

领导者在办公室里自然要与员工打交道，在办公室之外，领导者当然还要与员工、同事或上一层领导有所往来，虽然这时候的交往气氛往往比较轻松，不再同于办公室的严肃庄重，但领导者在这时的人际交往更需富有技巧性，既与员工、同事接近，打成一片，又不要随随便便，让人把自己一览无余，否则，你就没有权威可言了。

领导者与员工、同事聚会，比如公司开展一些庆祝活动等，大家都难免要同坐在一个酒桌上，吃吃喝喝。这时，领导幽默活泼一点，活跃酒桌的气氛是必要的，但在酒桌上更有一些必须遵循的礼仪。既活泼，又守礼，才能使场面又热闹，又有序，使活动获得圆满成功。这样可大大加强领导者与他人之间的联系，更能提升自己在众人心目中的形象地位。

领导者要注意和身旁常接触的人搞好关系。在工作中与你接触多的人，窥探你秘密的机会就多，就越容易介入你的私生活，不要与他们有一种敌对的关系，否则将对你大大不利。如果你能与他们保持友好的关系，你的一些小缺点他们也容易接受，而且还会自觉地维护你的个人形象。

领导者应特别注重搞好与私人秘书的关系。领导者同秘书在工作上、生活上建立一种互相支持、互相理解的友好合作关系很重要。这不等于说领导者与秘书保持男女之间的暧昧关系。但人们对于领导者与女秘书的关系极为敏感。正因如此，领导者才更须做到光明磊落。同样，与身边人打好交道，也是领导者维护自身形象的一个重要方面。

与身边的人打好交道，不等于说与他们过于亲密，你的一切个人的事情都放心地说与他们听。而与员工保持适度距离，不但重要，而且必要。

每个人周围都有一种无形的界限，你不可逾越。这是一种私人生活的界线，一种内部思想和情感的界线，他们不愿向外面的人透露，尤其是在工作中相互合作的人。作为领导者，你不适合成为他们最信任和最亲密的朋友，如果是这样的话，那么你将冒一种很大的风险；作为领导者，你绝不应该将自己与员工的关系延伸到一些过于亲密的关系之中，你必须分清其中的界限，而不能跨越一步。否则会带来一种灾难性的后果，你会突然发现自己与下属之间的界限已经消失，你们似乎都陷入一种情感的困扰之中。

榜样效应就是指领导以身作则，下属就会自觉追随。正如著名管理学家帕瑞克所说的，"除非你能管理'自我'，否则你不能管理任何人或任何东西。"

示范的力量是惊人的。领导者要想管好下属必须以身作则、事事为先、严格要求自己,做到"己所不欲,勿施于人"。一旦通过表率树立起在员工中的威望,将会上下同心,大大提高团队的整体战斗力。得人心者得天下,做下属敬佩的领导将使管理事半功倍。

以上所述,并不是说要领导者与员工在下班后不接触,只不过是说,世界是复杂的,领导者要保护自己的隐私,维护自己的外在形象罢了。

方式21 要想得到下属的信任,就要先信任下属

关键词: 带头作用·信任下属·赢得信任
适用情境: 领导者希望得到下属的信任时可运用此方式。

东汉末年,天下大乱,诸葛亮于隆中躬耕陇亩,后经刘备"三顾茅庐"出山为其所用;其兄诸葛瑾(字子瑜),避乱江东,经孙权妹婿弘咨荐于孙权,受到礼遇。初为长史,后为南郡太守,再后为大将军,领豫州牧。

诸葛瑾受到重用,引起了一些人的嫉妒,在背后中伤他明保孙吴、暗通刘备。一时间谣言四起,满城风雨。孙吴名将陆逊善明是非,他听说后,非常震惊,当即上表保奏,声明诸葛瑾心胸坦荡,忠心事吴,根本没有不忠之事,恳请孙权不要听信谗言,消除对他的疑虑。

却不知,孙权对诸葛瑾自有一番看法:"子瑜与我共事多年,恩如骨肉,彼此也了解得十分透彻。对于他的为人,我是知道的,不合道义的事不做,不合道义的话不说。刘备从前派诸葛亮来东吴的时候,我曾对子瑜说过:'你与孔明是亲兄弟,而且弟弟应随兄长,在道理上也是顺理成章的,你为什么不把他留下来,他不敢违背兄意,我也会写信劝说刘备,刘备也不会不答应。'当时子

瑜回答我说：'我的弟弟诸葛亮已投靠刘备，应该效忠刘备；我在你手下做事，应该效忠于你。这种归属决定了君臣之分，从道义上说，都不能三心二意。我兄弟不会留在东吴，如同我不会到蜀汉去是一个道理。'这些话，足以显示出他的高贵品格，哪能出现那种流传的事呢？子瑜是不会负我的，我也不会负子瑜。"

原来，孙权看到那些文辞虚妄的奏章后，当场便封起来派人交给诸葛瑾，并写了一封亲笔信给他，而且也很快就得到了诸葛瑾的回信。诸葛瑾在信中论述了天下君臣大节自有一定名分的道理，使孙权很受感动。

孙权重用诸葛瑾，引起了一些人的嫉妒和谗言，但因孙权了解诸葛瑾，所以没有因为谗言而怀疑诸葛瑾，反而对其更加信任，让诸葛瑾任职如故。既然放权给他，就充分地信任他，不要无端地猜疑。作为一个领导者，如果做不到这一点，听到谗言就对其下属不予信任，朝令夕改，今天让下属做，明天又不让下属做，下属这么做，他又让那么做，这样的话，只会败坏自己的事业，甚至身败名裂。

《孙子兵法》里说道："将能君不御。"领导就好比树根，下属就好比树干，树根就应该把吸收到的养分毫无保留地输给树干。领导者授权后，就要予以信任，不能授而生疑，大事小事都干预。只要下属有能力完成某项任务，授权后，就应允许他具有一定的自主权，下属职权范围内的事让下属决定。只要不违背大原则，大可不必过问，不要随意进行牵制和干预。

"疑人不用，用人不疑"是领导者用人的一项重要原则。它是指企业领导对下属要充分信任，放手让他们工作，大胆负责。一般讲，信任下属有这样几个特点：相信下属的道德品质；认可下属的工作态度；理解下属的内在欲求；明白下属的工作方法；肯定下属的工作才智；信赖下属的工作责任感。

信任是对人才的最有力支持。首先，要相信他们对事业的忠诚，不要束缚他们的手脚，而是让他们创造性地开展工作。其次，要相信他们的工作能力，既要委以重任，又要授予权力，使他们敢于负责，让他们明确自己的职责忠于职守。遇事不推诿，大胆工作。对人才的信任和使用还包括当下属在工作中出了问题，走了弯路时，用人者要勇于承担责任，帮助他们总结经验，鼓励他们继续前进。特别是在改革的过程中，当他们遇到阻力和困难，受到后进势力压制时，用人者要挺身而出，给予坚决的支持和有力的帮助，从而把改革进行到底。

用人不疑还表现在敢于用那些才干超过自己的人。在这方面，有的用人者缺乏勇气和信心，对他们手下那些才干超群、特别是超过自己的人总感到不好驾驭，在使用上进行种种限制。他们宁肯将职权交给那些平庸之辈，也不交给超过自己的人。这样久而久之，在他所领导的单位形成了"武大郎开店"的局面。真正有作为的用人者充分信任和善于使用那些超过自己的人，这样在他所领导的单位就能造成人才荟萃、生机勃勃的局面。

最近在某刊物上看到一篇题为《感情储蓄》的文章，讲的是家庭如何进行感情储蓄的问题。由此联想到领导干部在处理与下属的关系上也应做点儿信任储蓄。应该说，"信任银行"储蓄和"感情银行"储蓄在一定意义上讲，与金融银行储蓄是相似的。那就是你既可以"存款"，即做增加信任度的举动，也可以"取款"，即做削弱信任度的举动。这代表着你和与你有关系的人是否在感情上亲近，是否在工作中信任，是否存在信任上的危机。

如果你账户上余额较多，说明你信任度很高，富有感染力和亲和力，那么你在处理领导与被领导的关系上就会得心应手。当前，个别领导干部存在这样或那样的信任危机，究其原因，笔者认为主要是信任储蓄不够，或者是负增长。有的领导干部自认为是领导，大权独揽，对下属只管发号施令，不注意方式方法，出了问题时，却把责任全部推给下属。结果弄得单位上下级之间关系紧张，产生隔阂，彼此心情都不愉快，领导干部的人格魅力也因此消失，感召力和亲近度下降，下属也无法对其产生应有的尊重。

领导干部要把下属当成自己的亲人，把在一起工作看成是一种缘分，用爱心去关怀下属。在处理与下属的关系时，除工作外，在不违背原则的前提下，建立良好关系很重要，要把下属的难事当做大事来看，并在不违背原则和力所能及的范围内去解决。在建立信任度方面，那种在领导干部眼里看起来是比较小的事，却蕴含着巨大的力量，所起的作用是不可估量的。对下属来说，他兢兢业业做了许多工作，想得到的回报其实仅仅是上级领导的肯定的话语，或者是一次极为平常的表扬。所以，领导干部应当经常对下属表现出有爱心的举动。领导干部对下属的一个微笑、一个点头、一些充满爱心的叮嘱等，都会在工作中起到对下属的激励作用。

领导干部对下属在工作上出现的失误，只要不影响工作全局，私下批评也许比在单位会议上批评的效果好得多。假如没有分清情况，在会议上批评了下属，并因此产生了隔阂，那么最能打破僵局的方法，莫过于领导放下架子，对下属说一句："很抱歉，我不应该在大家面前使你难堪，是我做得不对。"如果在出现了问题又没有调查了解的情况下，随意批评了某个没责任的同志，知情后更要主动道歉。对领导干部来说，有时总是抹不开面子去向下属道歉。但正因为如此，领导干部更应做出努力去道歉。道歉的行为实际上等于告诉下属："我很重视我们在一起工作的缘分和我们之间的关系。"

在下属不在场的时候，领导干部对他们讲诚信，也是一种"存款"方式。换句话说，谈论或评价他们时，评价的标准人前人后一个样，尽量不在背后议论下属的缺点。发现别人不正确的议论，应给予制止。这样做，并不代表你对他们的缺点一无所知，而是说你更看重他们的优点。对他们的失误，要尽量分析产生的原因。如果不是下属的主观所为，就应当从自己作为领导的角度多承担责任。这样做，会促使下属自觉改正错误。同时，一旦对某件事做出承诺，就要积极兑现。如果下属遇到棘手问题难以处理，需要领导出面时，作为领导不仅不能推脱，而且要积极出主意想办法，帮助下属。尤其当下属有条件晋升时，更应帮助他们抓住机遇。

对领导干部来讲，对下属除了违背原则的问题不可置之不管外，信任储蓄和感情储蓄一样，最重要的投入就是原谅。但这种原谅不是迁就、放纵，不是不讲条件，而是指出错误、提出批评。使下属知错改错，较以前有更大的进步。你的宽恕和原谅,也排除了阻碍下属改正错误的巨大障碍。因为你如果不肯原谅下属,其实是在阻碍下属认识自己的不对之处,打击下属改正错误的信心。

领导干部不要以官压人,特别在批评人的问题上,要正确把握批评分寸,对事不对人,不伤下属的自尊心,更不要急于做出处理决定,当然,不要摆架子也包含着不要玩弄权术。玩弄权术是领导干部的大忌。玩弄权术,下属对你就没有信任感,他们在你手下也就没有安全感。有些人就会投其所好,败坏一个单位的风气,就会出现信任危机和团结危机。领导干部要有容人、容事的雅量,使你的下属有安全感、轻松感。这样,一个单位的矛盾和摩擦就会减少。即使有了问题,解决起来也比较容易。

领导干部不能在下属中分亲疏。因为,有亲必然有疏。与一些人亲近,对他们的缺点、错误,往往碍于情面不好指正,于工作不利。分亲疏,容易形成团伙,于团结不利。分亲疏,容易影响形象,有损领导干部的威信。领导干部特别要注意加强同那些与自己性格爱好不同或曾反对过自己的下属进行感情交流,防止可能造成的不必要的误会和隔阂。在使用问题上,尤其要眼界宽阔、胸襟宽广,要容得下人,容得下他人的不足。坚决防止和纠正以人画线,以我站队,搞亲疏、结团伙。要坚持五湖四海,举贤荐能。

当然,领导干部开始以"信任银行"存款的时候,不会很快就可以看到好的结果。信任储蓄要经过数月,甚至数年才能看到效果,相信一定是好的效果。领导干部也一定会从中提升自己的威信,从而产生巨大的人格魅力。

方式22 禁止下属去做的,自己首先不要去做

关键词:以身作则·模范作用·严格要求自己

适用情境:想要禁止下属做某件事情时可运用此方式。

李嘉诚曾经说道,企业领导人的一言一行,一举一动,无不被员工看在眼里,对员工的行为施加影响。领导要求员工做到的,领导必须首先做到,领导禁止员工去做的,领导也必须首先禁止。

作为企业的领导者,明确自己的角色定位,必须能够正确地理解自我。做事先做人,应当是领导者永世不忘的座右铭。由于领导者既是制度的制定者和推行者,也是制度的执行者和培训者。这就要求管理人员在要求下属的同时更应该严格地要求自己,要以身作则。正如古人所说的"其身正,不令而行;其身不正,虽令不从"。一个领导者只有严格地要求自己,起好带头表率作用,才能服众。只有自己能够做到的事情,才能要求别人也去做到。一个连自己都管理不好的人,有什么资格去对他人说三道四呢?作为主管,要想把自己的决策贯彻始终,必须身体力行。想要部属做到的,自己先做到。这样的领导者,才是值得属下尊重的领导者,也才是最有威望的领导者。

当日本《东京日报》面临危机的时候,为了重整旗鼓,作为新上任的老板,小野泰森就采取了一种以身作则的做法,成功地度过了危机,使公司重新焕发了生机。

当时正值20世纪七八十年代,全世界经济一片萧条,在这种情况下,新老板小野泰森上任之后,厉行节俭,看到地上有几张没有用过的白纸,于是,他把财务部长叫来,当着他的面把这些纸片捡了起来,重新利用。小野泰森这种行为使得部下对于勤俭节约有了新的认识。大家都想着，连经理都这么节俭，自己今后一定要注意。小野泰森还语重心长地告诉大家：如果不注意节俭，小的浪费积累起来就会变成大的浪费，无论任何公司都是经不起这样的浪费。小野泰森的这个经历告诉我们首先老板要起好带头作用。让部下从刚一开始参加工作，就养成敬业的好习惯。

当然，我们说企业的领导者要以身作则，并不是说你要整天摆着一副主管的面孔，不苟言笑，并不是让人做一个不识情趣的木偶，也不是说你每天要为检点自己的行为而谨小慎微，作为一个企业领导者的你可以通过你的个人特点，如专长或个人魅力等等来影响下属，这样下属就能信赖你、依赖你。

总之，只有以身作则才能让下属敬畏你、跟随你、信赖你、依赖你，只有如此，你才会成为一个成功团队真正不可缺少的角色指挥者，而不仅仅是因为权力而建立起来的权威。

那么，领导人如何做到以身作则呢？卡耐基在一本书中给我们提出了以下四条建议：

第一，企业的领导者要具有自我管理素质。善于自我管理的领导者能够独立思考、工作，无需严密的监督。

第二，企业的领导者要忠于一个目标。大多数人都喜欢与将感情和身心都奉献给工作的人共事。除了关心自身，领导者应忠于某样东西：如一项事业、一件产品、一个组织、一个工作团队或一个想法等。

第三，企业的领导者要培养自己的竞争力，竭尽全力以达到最好的效果。领导者掌握着对组织有用的技能。领导者的绩效标准应比工作或工作团队要求的要高。

第四，企业的领导者要有魄力，讲诚信。领导者应独立自主、有判断力。员工可以信任他们的知识和判断力。他们有较高的伦理道德标准，值得信赖，并且勇于承认自己的错误。

在海尔发展过程中，曾经有这样一件事。海尔有一条规则，开二十几个人以上的会迟到要罚站一分钟。这一分钟是很严肃的一分钟，不这样的话，会没法开。一个被罚的人是张瑞敏原来的老领导，罚站的时候他本人紧张得不得了，一身是汗，张瑞敏本人也一身是汗。张瑞敏跟他的老领导说，你先在这儿站一分钟，今天晚上我到你家里给你站一分钟。张瑞敏本人也被罚过 3 次，其中有一次他被困在电梯里，电梯坏了，咚咚敲门，叫别人去给他请假，结果没找到人，结果还是被罚了站。比如在海尔的"天条"里，就有一条是"不能有亲有疏"，即领导的子女不能进公司，张瑞敏的儿子是一家著名大学毕业的大学生，但是张瑞敏不让他到公司来，因为他怕子女们进了公司，互相联起来，将来想管也管不了。　正是张瑞敏的以身作则，海尔的其他领导人都以他为榜样，自觉地遵守着规范，才使得海尔的事业得以蒸蒸日上，并成为第一家进入世界 500 强的民营企业。

作为企业的领导者，做到以身作则，才能够以德服人取得他人的信赖和认可。海尔在张瑞敏的带领下，由一个濒临破产的小企业发展为今天有上百个亿的大企业，成为了中国电冰箱行业的龙头老大，并成功地打入了美国市场，而张瑞敏也被人们看做民族英雄，成为一个具有崇高威望的企业领导人。的确，海尔能有今天，与张瑞敏的人格魅力和高尚的品格是分不开的。

第四章

"情感式"领导
用"真情"收服人心

　　领导要站在下属的高度来审阅公司的发展战略和自己的领导方式，要认真去了解下属在战略的贯彻执行和公司的发展过程中看到什么、想到什么，更要真正去了解每位下属需要什么。

方式 23 常与下属进行面对面的沟通

关键词：拉近关系·以情制人·情感管理

适用情境：要以真情换取下属的真情时，可运用此方式。

在处理与下属的关系中，做好情感管理往往是一个关键之处，精明的领导者会恰当地处理好与下属的关系，对于下属要找出机会和时间与他们拉近关系，鼓励他们、关心他们、感动他们，在公司营造一个融洽而有人情味的和谐氛围。

所以，作为企业的领导者，你不妨在紧张的工作之余走出办公室，到下属那里转一下，去拍拍他们的肩膀，或者只是递上一支烟，关心一下他们的工作和生活。无论多忙，你都要定期抽出时间与下属沟通交流，你可以召集一些下属中午和你一起吃盒饭或者喝个下午茶，你也可以采取一对一、面对面正式的方式去和他们沟通，只要你用心了，形成习惯了，一段时间后，下属的工作积极性调动起来了，公司就会得到你意想不到的收获。

上面所说的就是所谓的情感管理，但是作为一个领导者，进行情感管理还有一些技巧和方法需要遵循，情感管理不是一件简单的事情。在现代快节奏、高压力的职业环境中，贴近下属的内心生活也越来越重要，但如何进行情感管理，真正地了解下属心中所想，急下属之所急，为他们排忧解难，从而激发下属的积极性。管理学家给我们提出了不少好的建议。

首先要尊重和认同下属，这是下属情感管理中的最重要的部分。在现代的企业中，员工的自尊心都比较强，因此希望被尊重和认同成为他们工作是否快乐的最基本要素。现在很多企业都在企业文化中强调"以人为本"，其实以人为本就是要把所有的人都视作公司大家庭中的一员，要公平地对待他们，要爱他们，要让下属感觉到被重视。具体来说就是要真诚地关心下属，不要靠发号施令和权威来管理下属。现在很多企业都崇尚民主化管理，实行"职务无称谓"制度和"平等共事"的机制。

作为一个公司的领导要衷心地让下属感受到重视。奥地利著名的心理学家阿德勒说过："人类本质中最殷切的需求就是渴望被肯定。"在工作中，作为领导者要经常给予下属最真诚的认同和肯定，要让他们时时感受到来自上面的重视，当他们做出成绩的时候，要让他们感觉到自己的上级是重视自己的，这样下属一定会有更高的工作激情。如果下属做出成绩了，领导者没有什么表示，没有物质激励，就连几句勉励的话都没有，下属肯定感觉不到被重视，也不利于以后的工作。

甲骨文公司是世界领先的信息管理软件开发商，因其复杂的关系数据库产品而闻名。这个公司放权给每一个人主导自己的工作，所以企业领导的官僚作风比较少。公司中没有严格的制度，每个人上下班的时间基本上由自己决定。即使是高层领导、部门经理基本上也没有"特权"，依然要自己回电子邮件，自己倒咖啡，自己找停车位，甚至每个人的办公室基本上都一样大。

在公司中实行"零隔膜政策"，也就是说，任何人可以找任何人谈任何话题，当然任何人也都可以发电子邮件给任何人，哪怕是领导。一次，有一个新的下属开车上班时撞了查理·菲利普停着的新车，她吓得不知所措，急忙问部门经理该怎么办，部门经理给她的建议是只要给菲利普发一封电子邮件道歉。于是她战战兢兢地发出电子邮件后，在一小时之内，菲利普不但回信告诉她，别担心，只要没伤到人就好，还对她加入公司表示欢迎。

这个女职员后来对于菲利普非常感激，于是她发奋地工作，经过不懈的努力她终于做到甲骨文的副总裁。后来成为菲利普的强有力的助手，由于她的杰出努力，以及她在管理方面的得心应手，终于让查理·菲利普得以从捉襟见肘的管理状态中逃脱了出来，成为一名专职的程序员。她的出现可以说为甲骨文增添了更多的活力与激情。可以说正是由于菲利普的宽容和平易近人的风格才打动了这位女职员，最终使她成长为一个杰出的企业领导者，为甲骨文公司的发展开辟了一个新天地。

此外，在一个现代企业中创造一种沟通无限的工作氛围，也是非常重要的。现代企业应该营造一种自由开放、人人平等的氛围，除企业正规的交流途径之外，公司要鼓励创造各种自发、非正式的交流沟通渠道。这将会大大地减少下属之间、部门之间的误解和隔阂，形成一种积极而和谐的人际关系，增强企业的凝聚力和创新能力。

现代企业管理已进入到一个以人为本的管理新时代，其核心内容不再是板着面孔式的条条框框的限制，而是一门融进了领导者对员工、对事业献身精神的独特的艺术。 公司的最高首脑与全体员工每年至少举办一次生动活泼的"自由讨论"。通用公司像一个和睦、奋进的"大家庭"，从上到下直呼其名，无尊卑之分，互相尊重，彼此信赖，人与人之间关系融洽、亲切。

1990年2月，克莱斯勒的机械工程师阿诺德·汤姆在领工资时，发现少了300美元，为此，他找到顶头上司，而上司却无能为力，于是他便给公司总裁写信，总裁认为这不是一件小事情，他后来说道："我们总是碰到令人头痛的报酬问题。这已使一大批优秀人才感到失望了，而现在这种情况不能持续下去了。"于是立即责成最高管理部门妥善处理此事。

几天之后，他们补发了汤姆的工资，事情似乎可以结束了，但他们利用这件为员工补发工资的小事大做文章。第一是向汤姆道歉；第二是在这件事情的推动下，了解哪些"优秀人才"待遇较低的问题，调整了工资政策，并向当时著名的《纽约时报》披露这一事件的全过程，在美国企业界引起了不小的轰动。

事情虽小，却能反映出克莱斯勒公司的"大家庭观念"，反映了下属与公司之间的充分信任，从这方面看，能够在美国这种激烈竞争的环境中生存下来、并长期屹立于美国汽车业的三巨头并非是偶然的。

方式 24 站在下属的角度看问题

关键词：情感管理·为他人着想·排忧解难

适用情境：想与下属拉近距离、赢得下属的支持时可运用此方式。

有一段时间盛行一个口号——理解万岁，如果从另一个角度来理解，实现人与人之间的理解是比较艰难的一件事，尤其是上司和下属之间，站的角度不一样，分析问题的出发点不一样，看事情的角度不一样，利益取向不一样，自然对某一件事物的理解也就不一样了。立场不同，观察事物的角度就有所不同。而上司们很少去设身处地地站在下属的角度来想一想这些问题，而是主观地从自己的角度来考虑和判断问题，这自然容易导致领导与下属之间的理解不一致，继而导致管理工作难以有效开展。如果你站在下属的角度，为下属排忧解难，下属就能替领导排忧解难，帮你提高业绩。

当作为领导的你劝说下属去干一件事情失败的时候，在许多情况下往往并不是因为你没把道理讲清楚，而是由于你不替对方着想。关键在于你谈的是否是对方所需要的。如果换个位置，领导者放下架子，站在被劝说人的位置上瞻前顾后，同时，又把被劝者放在领导的位子上陈说苦衷，抓住了被劝说人的关注点，这样沟通就容易成功。

现在的管理已经进入第五代的"求快乐"管理，期望企业达到"企业人格化，人格魅力化"，很多老板都知道在自我的管理中要关心下属，但是现在的很多老板在运用"关心"这个办法时有些走样，甚至觉得往往是吃力不讨好，事倍功半。

关心下属,你要站在下属的角度去关心他,这种关心不能破坏公司的基本规则。让下属尊重你,而不是喜欢你。首先是赢得尊重,其次才是喜欢。企业不是慈善机构,关心的目的是为了给企业创造价值。领导是通过别人来工作的,只有真正关心下属,下属才会为你效劳,这个道理几乎人人都懂,但往往在具体操作时走了样,在具体的企业管理中往往存在这样几个误区:

第一个误区是,不少领导者把关心理解为对下属施以小恩小惠。很多人一厢情愿地认为,所谓关心下属就是小恩小惠。例如,下属昨天加班太累了,第二天上班可以晚来一些,或逢年过节给下属送点礼物之类的东西。这种做法并不能真正建立起你的影响力。关心下属一定要体现出是你关心他,而不是组织在关心,这一点非常重要。

第二个误区是,开空头支票。激励下属好好干,有时候必须做出承诺。然而言必信,行必果,作为领导更应该一言九鼎。如果情况特殊或者有变,或自己判断失误无法兑现,最好向下属道歉并说明原因,得到他们的体谅。

第三个误区是,认为关心下属就是关心他们的工作。这种做法会令下属非常反感,他们会认为你只关心业绩,甚至会认为你在怀疑他的工作能力。

第四个误区是,认为关心下属就是对下属有求必应,认为关心下属就是不批评下属。作为经理,你只能尽量满足下属那些与组织目标一致的需求,对不合理的需求必须予以回绝,甚至还要批评。批评也是关心的一种方式,它可以促使下属反思自己的行为。但批评时一定要选择恰当的方法,注意下属的自尊心。

在余华的一本小说中记载了这样一个故事:

某个犯人被单独监禁在偏远地方的一个监狱。监狱领导为了防止他自杀和做出一些不理智的行动,拿走了他的所有物品,包括鞋带和腰带。这个犯人用左手提着裤子,在单人牢房里无精打采地走来走去。为了表示抗议,他采取了绝食的行动。但是就在他奄奄一息的时候,他嗅到了一种万宝路香烟的香味,正是他喜欢的那种牌子。

透过门上一个很小的窗口，犯人看到门廊里一个孤独的卫兵深深地吸一口烟，然后美滋滋地吐出来。这个囚犯很想要一支香烟，因此，他用他的右手指关节客气地敲了敲门。只见卫兵慢慢地走过来，傲慢地说道："想要什么？"囚犯回答说："对不起，请给我一支烟，就是你抽的那种。"但是卫兵并没有理他，只是嘲讽地看了他一眼就转身走开了。

但是囚犯却不认为自己没有权利吸一口烟。于是他又用右手指关节敲了敲门。这一次，他的态度是威严的。那个卫兵吐出一口烟雾，恼怒地扭过头，问道："你又想要什么？"囚犯回答道："对不起，请你立即给我一支烟。否则，我就用头撞这混凝土墙，如果监狱当局把我从地板上弄起来，让我醒过来，我就发誓说这是你干的。当然，他们绝不会相信我。但是，想一想你必须出席每一次听证会，你必须向每一个听证委员会证明你自己是无辜的；想一想你必须填写一式三份的报告；想一想你将卷入的事件吧。所有这些都只是因为你拒绝给我一支劣质的万宝路，只要你给我一支烟就可以避免这所有的不利情况。"

卫兵在权衡了得失利弊之后，从小窗里给他一支烟。可以说正是这个囚犯看穿了士兵的立场和禁忌，才达到了自己吸一支香烟的愿望。这个例子对于我们的领导者来说，确实是一个很大的启示。

方式25 创造关爱下属的企业氛围

关键词:企业氛围·关爱下属·情感管理

适用情境:当想要增加下属的工作效率、提高下属对你的满意度时,可运用此方式。

　　如果能在企业中营造出一种类似于家庭的氛围,使下属把公司当成一个家庭,自己是这个家庭中重要的一员,它能大大增强下属的主动性和参与性,使下属对公司前进的方向充满激情与责任感。我们都知道家庭是最自然的社会单元,对家庭归属感的强弱通常决定着你对家庭生活的满意度和对整个家庭发展的责任感。公司中也一样,下属强烈的归属感对建立优秀的公司文化有着举足轻重的作用,下属在其中不仅能够舒适地生活,而且还能有效地完成工作,在这种氛围里下属不是把自己看成公司的一名职员,而是公司的主人,从而更多地贡献自己的智慧和力量。

　　美国著名学者彼得·汤姆森曾大声疾呼:一边歧视和贬低你的下属,一边又期待他们去关心产量和不断提高产品质量,无异于白日做梦!每个下属都需要企业给予他们关爱,也需要从企业的温暖中提升自我的满意度。创造关爱的企业氛围,是给予下属良好的工作环境,给予下属足够的工作支持,是使下属安心工作的措施。下属利用企业的舞台,企业利用个体的资源,只有在互相关爱、共同奋斗的工作氛围里,双方的使用价值才会显示出来。相反,若企业内缺少这种相互诚信与关爱的工作氛围,那么,提高下属的工作热情、发挥他们的潜在能力就成了一句空话。

　　法国的一个调查公司做的一个调查发现，现代企业办公空间的风格，尤其体现在办公空间中公共区域的设计上，渐渐向家庭氛围靠拢，对他们的下属而言，办公室再也不是一个生硬冷漠的地方，而是一个带给下属舒适温馨的场所。例如，越来越多的办公空间中出现咖啡休闲区、身心放松室、午休区域。同时，零食和饮料也随处可见。谷歌和微软的办公室很好地代表着这个趋势。

　　研究还发现，下属对自己办公空间的控制力也大大增强了。下属甚至可以决定是不是需要，以及什么时间到公司上班。有些下属可以自己定义办公场所。在办公空间里，下属对周边环境的控制力也有很大增强。公司为了创造不同的工作场景，往往会要求设计师设计不同的功能区域：安静的、热闹的、独立工作的、团队协作的。下属也可以根据自己工作的需要，选择不同的区域。现代办公家具的设计和发展也向着灵活性不断发展。可调节的屏风和办公桌也让下属有很多控制力。

　　而且，漫步在现代办公空间中，随处可以看到丰富的个性化色彩，在桌面上摆着一盆个性十足的小花，如家庭成员的照片、公司颁发的奖状，甚至自己宠物的照片等等。如果你有机会参观 opera 的办公室，你还可以看到设计团队的设计作品，甚至有的女员工的办公桌上还摆着形态各异的芭比娃娃。这不仅很有创意地个性化了自己的办公空间，而且也表现了团队的精神和特色，可以增加下属的归属感，可谓是一举多得。

　　这种对于家庭氛围的营造不只是在于员工各自狭小的空间，整个企业设计和布局中员工也发挥着很大的作用。不少公司在办公空间设计过程中鼓励下属积极参与公司的每项决定。在调查之中，他们发现公司总裁在做任何关于新办公室的决定时，都会耐心向每位下属说明决定背后的数据支持和公司的取舍，而且下属可以采用投票的方式参与最后的决定。虽然最后的设计方案不能完全满足每位下属的任一要求，但是这个参与的过程却使大家紧密地站在一起。

　　除了办公空间有设计规划，恰当的公司奖惩制度也是增强归属感的有效手段。公司应该倡导团队内部和团队之间的协作,从而提高团队精神和团队凝聚力。公司应该强调团队成就,而不仅仅是个人成就。

在索尼集团,企业的领导大力提倡社团活动,培养员工对于企业的归属感,他们组织了一系列的活动和组织,如车间娱乐部、女子部等,促进人与人之间的关系。索尼对社团活动所寄予的另一个莫大期望,是培养领导者能力。因为,不管社团的规模大小,要管理下去就需要计划能力、宣传能力、领导者能力、组织能力等等。另外,整个索尼企业的活动也很多,综合运动大会、长距离接力赛、游泳大会等,每月总要举行某种活动。在这些活动中,有时候索尼的总经理、董事等领导者还会亲自参加,与下属一起联欢。所有这一切,都在不知不觉中,增强了企业的凝聚力。

总之,创造关爱下属的企业氛围,不仅能够提高下属的满意度,充分发挥下属的潜能,而且对于企业的发展有着重大作用。法国企业界有句名言:"爱你的下属吧,他会百倍地爱你的企业。"台湾的一些企业家也主张"爱下属,下属才会爱企业"的道理。对于一个领导者来说,创造出若干下属与上司共有的温馨氛围意义重大。

方式26 常给下属减压,让下属轻松工作

关键词:情感管理·以人为本·心理减压

适用情境:下属工作压力过大、无法轻松工作时可运用此方式。

现代社会是一个"以人为本"的社会。高压下的下属不可能释放出最大的潜能;高压下的下属肯定缺乏创新精神;高压下的下属不可能真心实意地为

企业着想；高压下的下属出错率、事故率、工伤发生的几率都会成倍增加。如今的企业所担负的责任不仅是获得利润，还要为社会做贡献，为下属谋福利，企业也有责任给下属减压。这不仅是为了下属的个人利益，也是为企业自身的发展提供动力。西方许多企业正在不惜人力、财力为下属减压做努力。他们知道，尽管这是一项很大的投入，但在这一点上获得的竞争力特别有利于企业的长治久安与稳步发展。

因此，作为一个成功的企业应该在减轻员工压力上下一番工夫，在管理学上，企业的这些行为往往被称为下属帮助计划。下属帮助计划又被称为下属心理援助项目、全员心理管理技术（简称 EPA）。EPA 是由美国人发明，最初用于解决下属酗酒、吸毒和不良药物影响带来的心理障碍，后来 EPA 用来调整所有人的心态、生态、形态和状态，也就被顺利地引入企业管理之中。正如美国管理家希尔斯所说的 EPA 不仅仅是下属的一种福利，同时也是对管理层提供的福利。下属心理援助专家可以为下属和企业提供战略性的心理咨询、确认并解决问题，以创造一个有效、健康的工作环境。通过对下属的辅导，对组织环境的分析，帮助领导处理下属关系的死角，削除可能影响下属绩效的各方面因素，进而增加组织的凝聚力，提升公司形象。

通过改善下属的职业心理健康状况，EPA 能给企业带来巨大的经济效益，美国的一项研究表明，企业为 EPA 投入 1 美元，可为企业节省运营成本 10 美元到 20 美元。

做好 EPA，给下属减压是一个比较复杂的技术，但是具体来说主要分为两个板块：一是提供良好的环境氛围，如今的和谐社会建设就是缓解压力的极佳的环境氛围。二是提供专门的技术性服务。在美国，EPA 协会是研究压力的一个专业的机构，专门对压力给企业、社会带来的一系列问题进行研究，同时也为企业起到一定的指导作用。其次是就是专门的咨询机构与专业人员，如心理诊所、精神卫生诊所、职业压力管理公司；精神病医生、心理学家、EPA 专家所提供的专门服务。他们的职业精神与专业知识、技能可以为那些深受压力困扰的人们提供直接的、有效的帮助。

简单地生活、任劳任怨地工作——长期以来，这是公司的模范员工的生活和工作方式。然而不久之前，上海一家公司的员工小王加班时猝死，在全国引起轩然大波，"过劳死"的话题也再次引起人们的注意。风波过后，新的思考开始出现：面对竞争越来越激烈、压力越来越大的工作环境，我们是否该考虑为下属减压？其实这种情况不仅中国有，世界上很多国家都已经意识到这个问题，并且出台了各种措施。

在美国人的常规意识里，工作和生活是绝对分开的，个人生活不应被工作所干扰。尽管如此，很多美国公司还是有心理热线和法律热线，下属有问题的时候，即使是一些私人问题，都可以随时寻求帮助，而且绝对保密。硅谷的很多公司会主动安排活动，让下属感到在这里上班很愉快。比如苹果公司总裁每月安排一次午餐会与下属沟通；Jave 公司将每周的一天下午定为下属社交时间，夏季还会组织烤肉聚餐和海滩娱乐活动；雅虎公司则在公司内提供按摩、剪发、洗车、换机油、看牙等服务。

但是近年来，随着经济竞争加剧，为了保住工作，很多美国人开始加大工作强度，到点不下班或周末加班越来越普遍，这也使得减压和过劳死这样的问题受到越来越多的关注。很多老板开始意识到，要想让下属塌实尽心地工作，提高工资并不是唯一的手段，帮他们减压也是很重要的一个方面。

面对这些新情况，美国的一些公司也采取其他的措施，美国公司给下属减压的最重要的措施就是实地弹性工作制度。这种制度最近也被我国的部分机构所采用，这种制度始于上世纪 80 年代，很多公司，为了让下属既完成工作又能安排好生活，在保证每天 8 小时或每周 35 小时工作时间的前提下，让他们自己确定上班时间。2006 年的统计显示，全美有 29.1% 的男性和 26.7% 的女性下属享有弹性工作待遇。美国著名调查公司的老总汤姆森认为，弹性工作制度不仅是福利，也是增进生产力的有效工具。弹性制度在不同的公司实行起来非常的不同，例如有的公司考虑到有的下属因为每周的某天下午要带孩子上学习班,那么其他日子就应该多工作一会儿;有的下属为避开交通高峰时间,每天从早晨 7 点工作到下午 4 点;如果有的下属因为离公司比较远,可以一周工作 4 天,每天多干两小时。还有一些公司更进一步,连上班总时间也不规定。总之,许多公司的领导只要求下属在规定时间内完成工作,对上班时间没有严格要求,很多工作甚至可以在家完成。

方式27 关心下属生活,尽可能为下属提供帮助

关键词:情感管理·关心生活·提供帮助

适用情境:当领导不知该如何走近下属、关心下属时,可运用此方式。

作为一个企业领导者来说,在企业中要学会扮演母亲在家庭中的角色,春风化雨般地关怀下属,具备慈母的手,慈母的心,是每一个经营者都应该有的。对于自己的部属和员工,要维护和关爱。因为,他们是你的同路人,你们有着共同的目标,他们在某种程度上甚至是你的依靠。而且,也只有如此,才能团结他们,达到目标。

所以,作为一个企业领导者,要关心下属的生活,了解下属生活中存在的困难,尽可能为下属提供帮助。要想做到这些,企业领导者必须用心去听下属的建议,对于合理的建议努力实现,这样能驱使下属更积极努力地工作。

但是,企业领导者又不应该只是一个母亲,他必须要学会做一个父亲。在对下属进行关爱的同时,对于他们的错误不可姑息,在必要的时候还要采用铁腕治军的严厉手段。这种严厉基于人类的基本特性,韩非子曾经说过"慈母多败子"。有些人不需要别人的监督和责骂,就能自觉自发地做好工作,不出

差错。但是大多数人都是好逸恶劳，喜欢挑轻松的工作，拣便宜的事情，只有别人在后头随时督促，给他压力，才会谨慎做事。对于这种人，就只能对他严格管理，千万不可姑息。当下属失职的时候，不能放在一边，视而不见，否则只会姑息养奸，继续纵容下属犯错。对于下属的失职，要给予严厉的训示，让他认识到错误给企业带来的危害，这样才能保证以后不再犯。想让下属认认真真、积极主动地工作，就要给他们一个驱动力，就像汽车要加汽油来驱动一样，企业领导者可以用利益来驱动下属。

所以，实行大棒政策也是领导者的一个责任，一个优秀的企业领导者该是自己的责任就要承担，这样才能赢得下属的尊敬和佩服。一个不敢承担责任的人是无法有效地领导一个团队的。另外需要注意的是，在实施管理时，既要施之以恩、施之以德，感化心灵、说服指导，从而赢得部属的信赖；又要施之以威、施之以权，查验所为、奖优罚劣，使部属有敬畏之感。无论用人或培养人才，都要做到宽严得体，才能驾驭好下属，有效发挥他们的才能。

实际上，企业领导者的这种将母亲的爱和父亲的严厉结合在一起的做法，既给下属好处，关心他，同时又对下属严格要求，规范下属的行为，使得整个团队齐心协力，共同前进。这种方法就是所谓的"萝卜加大棒"的政策，对于一个成功的企业家来说，左手持"胡萝卜"，右手挥"大棒"是一个必备的素质。

索尼公司是一家世界知名的公司，他们靠生产电子产品起家，随身听是该公司的重要产品。一次，公司的一家分厂的产品出了问题，这家工厂的产品是销售到东南亚的，总公司不断收到来自东南亚的投诉。后来经过调查，发现原来是这种随身听的包装上出了些问题，并不影响内在质量，分厂立即更换了包装，解决了问题。

可是索尼集团董事长盛田昭夫仍然不依不饶，他将这位经理叫到公司的董事会议上，在会议上，盛田昭夫对其进行了严厉的批评，要求全公司以此为戒。经理在索尼公司干了几十年，第一次在众人面前受到如此严厉的批评，难堪尴尬之余，禁不住痛哭失声。盛田昭夫的盛怒让其他董事都感觉他太过分了，并使其他的公司负责人感到很恐惧。

会后，这位经理开始考虑着辞职准备提前退休，可是董事长的秘书走过来，盛情邀请他一块儿去喝酒，这位经理自然是恭敬不如从命，两人走进一家酒吧。秘书向他说道"董事长一点也没有忘记你为公司做的贡献，今天的事情也是出于无奈。会后，他害怕你为这事伤心，特地让我请你喝酒，向你赔礼道歉。"

接着秘书又说了一些安慰的话，经理极端不平衡的心态开始缓和一些。喝完酒，秘书陪着这位经理回家。刚进家门，妻子迎了上来对丈夫说："我们很高兴你是受总公司重视的人！"

经理听了感觉非常奇怪，难道妻子也来讽刺自己。这时，妻子拿来一束鲜花和一封贺卡说："今天是我们结婚20周年的纪念日子。"在日本，员工拼命为公司干活，像妻子的生日以及结婚纪念日这样的事情，通常都会忘记。原来，索尼公司的人事机关对职员的生日、结婚纪念日这样的事情都有记录，每当遇到这样的日子，公司都会为员工准备一些鲜花礼品。只不过今年有些特别，这束鲜花是盛田昭夫特意订购的，并附上了一张他亲手写的贺卡，勉励这位经理继续为公司竭尽全力。

盛田昭夫不愧是恩威并施的老手，为了总公司的利益，他不能有丝毫的宽贷，但考虑到这位经理是老员工，而且在生产经营上确实是一把好手，为了不彻底打击他，所以采用这样的方式表达一定的歉意。盛田昭夫经常使用这样的方式，并收到了很好的效果。

方式28 用你的"真诚"换取下属的"忠诚"

关键词：管理态度·以"真诚"换取"忠诚"·领导者素质

适用情境：要想吸引到最优秀的员工，让他们对自己忠诚，可运用此方式。

领导者对待下属的态度，决定了下属对待领导者的态度，如何吸引到最优秀的员工，让他们对自己忠诚，这完全取决于领导者自身的素质。

一家中外合资服装公司的老板聘请了一位厂长，他自称做过20多年的服装管理，制衣技术确实是一流，很得老板的赏识，工厂的大小事均交给他打理。但他有一个缺点，就是独断专横，欺上瞒下。当管理人员对生产工艺或管理方法提出意见时，他动不动就说："我做了20多年制衣，以前我就是这样做的，听我的，没错。"老板交待的事，他从来不用思考："没问题，你放心！"出了问题一味隐瞒，老板前身走，他转身就对下属进行秋后算账，打击报复，并进行威胁与恐吓。

如果你的组员、你的组长、你的主管、你的同事对你失去了信用，他(她)们为你付出的不再是忠诚，而是对抗，那么你可以利用老板赋予你的权力进行压制、打击和报复。古话说得好，天下人你杀得完吗？当一个个经理、组长、主管舍你而去的时候，被抛弃的不是别人，而是自己，但受害者却是公司，是老板。

孙子曾说："将者，智、信、仁、勇、严也。"按现代企业对高级人才应具备的素质要求，孙子的话可以这么理解：智——过人的智慧，以作正确判断，同时作合理的决策；信——言出必行，以建立威信，同时要信赖部属，即"用人不疑，疑人不用"，进而获得部属的信赖；仁——有仁德，要爱护和关心部属；勇——有道德和做事的勇气，能下决断，并有魄力地执行任务，不为闲言与威胁所利诱；严——严守规律，尊重制度，赏善罚恶。

主管的威信是建立在做人的涵养和做事的态度上的，而下属的忠诚，就来源于下属对你的信赖，二者相辅相成。能否有效地实行管理不仅仅取决于领导者的行为方式，还取决于许多其他的因素。

领导者应该注意的是下属如何对领导者的行为作出反应，在很大程度上并非根据客观事实，而是根据他们主观上感觉到的"事实"，并且受到他们自身的性格、背景、文化、经历、期望等因素的影响。而且一般员工都喜欢主管的行为与其个性一致。即表现出真实、本色的一面。

出色的领导者应注意员工的真实感受和主观体验。也就是说，本质上是一个什么样的领导者对于出色的领导者来说并不是很重要，重要的是他能够让自己的下属认为他是一个出色的领导者。如果下属的亲身经历使他们感觉到上级是支持他们和重视他们的，让他们感觉到每个人对公司来说都是具有重要价值的，那么员工就可能对上级作出积极的反应。反之，如果他们感觉受到上级的歧视，特别是实际的经历使他们觉得在组织中没有得到他们的个人尊严和个人价值，那么他们就会对上级持消极态度。

经过研究，不难发现出色的领导者在与下属打交道时，都具备一些相同的行为特点。这些特点包括：

1. 真正关心下属，细致周到，态度友好，随时准备提供支持和帮助，既为公司谋利，也为员工谋利；

2. 完全信任员工的能力、干劲和诚实（至少在员工眼里应该是如此）；

3. 对下属的期望很高（这表现了领导者一种支持的态度）；

4. 支持、帮助和教育下属。以使他们不断得到提高和发展；

5. 当下属遇到困难和不能胜任的工作的时候，尽力地提供帮助或重新安排职位。

　　为了使管理的效率更高，出色的领导者还应该保证组织内部具有畅通的信息交流渠道。建立交流渠道是一个组织顺利运转的基本条件，也是领导者成功的重要因素。如果没有这样一种渠道，上下级之间的支持和合作是不可能持久的。如果这样一种系统运转不灵，前后矛盾，错误百出，使组织内部成员无所适从，那么，用不了多久，对组织最忠诚的人也会离开。

　　组织内的信息交流涉及很多方面，是一个非常复杂的过程。其基本要素可以归纳为：信息的发送、传递和表达；信息的接收和理解；信息接收者的判断。

　　在很多情况下，传递出来的信息，不一定会被接收到，接收到的信息也不一定会被理解和接受。所谓信息交流，包括上情下达和下情上达。传统的管理方法只重视自上而下命令式的单向信息沟通，不重视双向的沟通。领导者最多在组织内设置几个"意见箱"，或宣布实行"开门政策"而已（即允许下属不经过约定随时可以求见上级，上级办公室的门总是向下属敞开）。这些措施是远远不够的。信息交流渠道畅通的关键在于让下属感到满意。下属的态度对信息交流过程有决定性的影响。如果下属觉得领导者不合理地施加压力，强迫他们完成任务，他们便会不自觉地制造信息流通的障碍。特别是故意不让上级了解真实情况、封锁消息、切断上情下达的通道；同时，有了改进工作的好主意也不报告，只对上级发牢骚。此外，敌意、畏惧、不信任等态度也会阻碍信息的正常流通，或者在流通过程中造成严重扭曲、失真。

　　因此，为了建立和维护信息交流渠道、确保组织的正常运转和发展，领导者应该端正态度和采取行动，要做到既重视沟通，又善于沟通。

方式 29　在细节的巧妙布置上感动下属

关键词：细节·以情动人·情感管理

适用情境：要想知道如何赢得下属的亲近和忠诚的法门，可查看此方式。

　　主动关心下属的工作和生活情况，主动跟下属交心交流，当下属碰到困难的时候，在合理范围内提供帮助——这都是作为领导的一个责任。培养和下属之间的亲密感，不让自己陷入孤立的境地，是领导者自我心理定位的第一步。但是做到这一点却不是一个简单的事情，现在有一种很流行的观点，叫细节决定成败。倡导沉下心来做事，踏踏实实地工作，力图把工作做细做到位，而注重细节，从细节之中透视下属，或者在细节的巧妙布置上来感动下属，正是新时期的领导应该具备的一个技巧。

　　近来，社会上的浮躁气息越来越重，例如一些年轻人非常羡慕舞台上明星们纸醉金迷的生活，热衷于投身娱乐界，企图一步登天，迅速成名成家。于是，整个社会上，名人官司此起彼伏，吆喝声、叫卖声、吵架声甚嚣尘上。如果急功近利，他们就很难沉下心来踏踏实实地苦读寒窗，苦练内功，积蓄力量。

　　因此，细节主义应运而生，一下子就流行开了。它对急功近利的浮躁风气当头棒喝，倡导踏踏实实工作，把工作做好做仔细。客观地说，这种观点在抑制时下那种浮躁情绪、倡导务实作风方面的确有它的积极作用。从这个意义上讲，细节主义的产生具有很强的现实针对性。

　　对于企业的老板来说，细节主义也成为一个香饽饽，哪个老板不希望下属踏踏实实工作呢？细节主义在老板人群中很有市场，老板们又竭力将细节主义推销给下属。在老板们的推动下，细节主义很快就在下属中流行开了。很多老板甚至将细节主义的书不惜重金，成千上万册地买回去，人手一册地发给下属们去读，当做下属"洗脑"的培训教材。更有甚者，会专门聘请相关的专家来做讲座。结果细节主义大行其道，在全社会广为流行。

法国的一家企业达能因为收购娃哈哈的事情，而在社会上引起了轩然大波，暂且不论最后的结果如何，达能能够有收购娃哈哈（中国矿泉水领域的大哥大）的想法，就说明其长期以来在中国的经营是成功的。据报道，达能在中国的公司，鼓励下属自我管理，上下班不用打卡，提倡平等，公司不论职位高低，出差一律乘经济舱，公司甚至在经济不景气的情况下，也不随意解雇员工；每到下班的时间就开始播放音乐；尤其是他们还比较尊重中国的传统节日，一到每年的中秋、元宵节就放假……这些做法和细节，赢得了中国下属的好评。

达能非常强调平等，在采访达能中国区总裁秦鹏的时候，笔者发现他走的时候细心地把自己用过的杯子收拾好，其实当时还有达能其他下属陪同采访。事后，达能的那名下属告诉笔者，原来公司有规定，谁用完会议室，谁就要收拾好，可见平时总裁收拾也很正常。达能从来不设管理层专用车位，所有下属出差一律乘经济舱，办公环境的面积也相差无几。达能成功收购了许多公司，其中收购对象的公司文化是一个很重要的决策参考指标。达能曾经对一个收购对象非常感兴趣，但是听说这家小公司已经有总经理和高级经理专用餐厅、专用停车位，达能就觉得不合适。

达能也非常注意在一些细节之上关怀每一个员工。例如有一年西班牙发生骚乱，达能中国有位下属在西班牙巴塞罗那开会时，为了防止员工遭受不必要的伤害，公司的老总通过达能全球紧急救援的电话，很快让那名下属得到妥善安置，同时还安排了一个能讲中国话的人帮助这个下属与西班牙当地的医生沟通。后来公司的发言人说道，"在异国他乡，能得到一个说母语的人

的帮助,下属就安心多了。"

达能相信"成功会导致成功"。如果公司有创造成功的环境,那么当下属进入这个环境之后,就更能获得成功。关迟认为,达能中国人力资源政策的核心就是帮助下属获得成功,达能对每个领导的要求,就是让他们的下属取得更大的成功。因此达能中国实行激励政策、薪资福利都是以此为目的的。达能总是喜欢告诉下属:"你不是为你的老板工作,而是为达能工作。"为让有才华的下属能够真正脱颖而出,因此,每个季度达能都要把绩效最好的下属公布出来,通过这些措施,给下属和经理增加了透明度,这样就避免了升职时的"暗箱操作"。

能够做到这些,达能可以说对于员工的吸引力就非常强了。所以他们才敢于在中国招聘员工时从来不登招聘广告,而只是在达能的网站上公布招聘信息,关迟说他从没有担心过招不到下属,每年应聘者都有成千上万,对于员工的吸引力非常之大,可以说达能的成功是细节上的成功。

方式30 掌握积累仁德资本的手段

关键词:情感管理·积累仁德·"情感式"领导

适用情境:当为如何管好下属而烦恼时可查看此方式。

领导对内实际上就是管人。而管人的根本在于管自己,你看一看道家、儒家经典,讲的就是这个意思。管事则完全不同。管人要大度,管事要较真。管人是要员工认同你,首先你自己要的确做得很优秀,而且不能太较真,所谓宰相肚里能撑船。管事就是给别人把规矩定好,然后认认真真、斤斤计较地去跟他算。

这个方法叫做"守弱法"。对内要"守弱",如果你对内对外都逞强,你会特别累,同时企业也会被你搞得紧张兮兮。真正善于跟人打交道的人,都是不太好强的。而那些能把事情管住的人,往往都是好胜心、求胜欲强的。在选人的时候,可以根据这个道理来做衡量。

管人和管事是不同的。管事是给别人定规矩,管人是给自己定规矩。能够把人管好的人,一定是能够把自己管好的人。有些企业凝聚力差、人才流失率高,有个很重要的因素,就是大家对老板颇有非议:要么不守信用,要么老板没有威严。

老板的任务就是管人,而让下属去管事,即使需要管事,那也是生意上的战略性的大事。老板对外要逞强,给公司赢得利益。对内实际上是管人,就是要"守弱"。

管事要靠钱,管人要靠心。虽然说出来似乎有点虚,但心只有跟心相通,绝不会跟钱相通。很多企业为什么人才流失率高?如果在这个企业里活得一点尊严都没有,即使薪金再高,也会留不住人。所以,完全靠钱绝对不能解决所有的管理问题。

在不同的场合,要让不同的员工得到聚焦、成为主角。主人成不了,主角还是可以给他当的。给他当主角是没有关系的,不要什么事情都是你唱主角,那你会很累,而且经受不起。

做领导要有风度。孔子曰:"君子之德风。"中国人喜欢以"风"说人,比如风采、风韵、风味、风情等等。风是带有自然的说法,如果带有社会性的说法就是神,所以,又有神采、神韵、神味、神情等等。

风度来自气度。有气度的人才有风度。一个人的气度是气质与气量的统一,气质不好的人没气度,气量太小的人也没气度。气的本质是"关系",包括我与自我(精神与肉体)的关系、我与他人的关系及我与天地(环境)的关系。

一个领导对己、对人、对天地环境,需要宽宏大度。所谓宰相肚里能撑船,讲的就是这个意思。人不仅要有气度,同时,不能拒人于千里之外,要平易近人。所以,领导人气度修炼的最高境界,在于知宽宏而止于平易。

树立仁德资本,实际上就是被领导者对领导者的评价问题。人的一生是一个不断投资和收益的过程,投资就要有资本。我们每个人身上都有各式各样的资本:年龄的大小是资本,专业知识和技能是资本,健康是资本,个人的智力、时间和精力是资本,人脉关系也是资本。我们在生活中安身立命,谋求发展、幸福和快乐,凭的就是这些资本。

当然,与此不同,还有一种资本,就是别人对你的认可。这种资本与其他资本有个很大的区别。其他的资本都存在于你自己的身上,你年轻、相貌好、勤奋、精力过人,但是,别人认可的这种资本却不在你的身上,而存在于别人的心里。你觉得自己有多好,那不是资本,是自我欣赏,只有别人认为你优秀,认为你是个令人信服、值得拥戴的上司,这才是资本,被称为仁德资本。

在中国传统文化背景下,每个人都很关注别人对自己的评价,当然也会凭着自己对他人的评价来践行自己的行为。因此,中国的企业领导者不能没有仁德资本。一个仁德资本雄厚的领导者,可以弥补其他方面的不足。我们都知道,一个成功的领导者需要具备的能力与素质有很多,放眼天下,样样具备者能有几人?然而随着管理岗位的变化,管理的领域和内容,专业与对象也会发生改变,怎样才能以不变应万变?答案就是树立仁德资本。树立和积累自己的仁德资本,是领导者自我提升和管理进步的通天大道。

要树立仁德资本,首先,要研究仁德资本是如何构成的,即下属对领导者的关注点。对这个问题,每个人都可以根据自己的情况总结出自己的答案。善良、正义、重视集体荣誉、公正、重视他人感受、处理好人情世故等,这些都是仁德资本的构成要素。

其次,在研究并了解仁德资本构成的基础上,我们还必须探索树立仁德资本的手段。或许有人会认为:把仁德资本这么高尚的东西同手段联系起来,觉得别扭。领导者的工作,是"道"和"术"高度统一的工作,我们中国的文化传统向来是重"道",而轻"术",这一点很不适合现代企业管理。此外,积累仁德资本,需要持之以恒,正所谓:路遥知马力,日久见人心。

因此,树立和积累仁德资本的手段,是一个无穷无尽的领域,需要领导者不断进行探索与实践。

第五章

"激励式"领导

不仅要绩效，更需要有士气

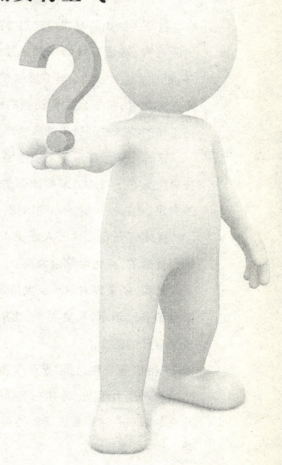

所谓士气，指的是行动、承诺、活力、热忱、战斗、主动、积极等心理或精神状态综合的冲力。士气是增强团队凝聚力与团队竞争力的重要因素。激发士气，好似一个弹簧所产生的冲力，能够使团队实现目标。

方式 31 适时鼓励下属，褒扬下属的某些能力

关键词：激励领导·鼓励下属·褒扬下属

适用情境：当要调动下属的工作积极性时，可运用此方式。

每个人的内心都有自己渴望的"评价"，希望别人能了解，并给予赞美。身为领导者，应适时地给予鼓励慰勉，褒扬下属的某些能力，引导他们顺水行舟，更加卖力地工作。当下属由于非能力因素，借口公务繁忙拒绝接受某项工作任务之时，领导为了调动他的积极性和热情以便让他从事该项工作，可以把工作的特殊性和员工的独特性展示给下属，让他们感到是受到重用。

这样一来就使对方无法拒绝，巧妙地使对方的"不"变成"是"。这一劝说技巧主要在于对对方某些固有的优点给予适度的褒奖，以使对方得到心理上的满足，减轻挫败时的心理困扰，使其在较为愉快的情绪中接受你的劝说。

民间有一句话："三人成虎。"意思是说，3个人对你说着同一件事情，哪怕是虚假的，你也会信以为真。

其实，如果你对自己反复诉说一件事情，你最后也会相信这件事。只要不断地给自己暗示，反复思考、想象，认识便会在不知不觉中被头脑接受，甚至成为自己的信念。

"相信是一种力量"是一个重要观点，不管你信的东西是真是假，只要相信就会产生力量。上帝存在不存在不重要，重要的是你信，你相信上天有一双明亮的眼睛在注视着人间的芸芸众生。"举头三尺有神明"，于是，你会心存敬畏，从而远离罪恶。

正如古罗马的大哲学家奥古斯丁所说的那样："信仰是去相信我们所未

看见的,而这种信仰的回报,是看见我们所相信的。"

印度有个笑话:一个弟子真正相信自己的师傅,他来到水边,高声喊道:"师傅,请你给我力量吧!"居然真的拥有了超自然的力量,飘水而过,踩着河面过去了。他师傅来到河边一看,徒弟过河了,他也喊道:"我是他师傅,是我!我要过河啦!"扑通,掉河里淹死了——他怎么没有力量过河?因为,他自己都不相信自己的那一套,所以,没有力量。徒弟真信,反而有力量。

这个笑话在很多国家变成了无数现实的翻版。许多宗教成员,由于虔诚而产生的巨大力量,是我们常人无法想象的。

方式 32　巧施激将法,激励下属的斗志

关键词:激将法·激励斗志·领导方式

适用情境:激发下属做他不愿做的事时,可运用此方式。

《孙子兵法》有这么一句有名的话:"怒而挠之。"这句话说的就是对于易怒的敌将,要用挑逗的方法来激怒他,使其失去理智,轻举妄动。我们常称之为激将法。

激将是富于戏剧性的谋略,常见于诸多典籍中。没有人轻易服输,英雄人物之所以能够做出惊天动地的事,往往就是因为他们争强好胜。这一点,正是激将的心理基础。

西凉马超率兵攻打葭萌关,张飞大叫入帐请战。诸葛亮佯装没听见,故意对刘备说:"马超智勇双全,无人可敌,除非往荆州唤云长来,方能对敌。"张飞一听急了,立下军令状,诸葛亮方才同意。决死一战的张飞与马超在葭萌关下酣战一昼夜,斗了二百二十多个回合,一举打掉了马超的锐气。如果没有军令

状的刺激,张飞的潜力就很难挖出来,就很难和马超打个平手。

人争一口气,佛争一柱香,古往今来,为争一口气的人们总是不惜牺牲一切。

诸葛亮最擅长这一套,几乎所有的人都被他激过,激张飞就不止一次,连孙权都要被激。激孙权表面上看是险招,但诸葛亮准确地洞悉孙权的心理——既不愿屈服,又担心打不过曹操。诸葛亮说他如果不能早下抗曹决心,还不如干脆投降,我们单独对付曹操得了。气得孙权拂衣而起,退入后堂。本来孙权就不服,让他投降曹操,反而刺激了孙权固有的斗志。三国之中蜀处于劣势,诸葛亮却很强势地完成了使命。

如果不用激将,而是百般讨好,就很难达成联吴抗曹的战略构想,与此看来,激将其实是稳招。

领导者在确定目标后,最重要的事就是激发部下的斗志。

卡内基在这方面堪称高手,他曾用年薪百万美元聘请查尔斯·史瓦伯出任卡内基钢铁公司的第一任总裁,那是总裁中最高的待遇,而史瓦伯对钢铁生产并不十分在行,这100万就是对一个生手的推动力。 史瓦伯上任后,发现属下一家钢铁厂产量排在末位。该厂规模和其他厂一样大,厂长软硬兼施,员工仍然非常懒散。史瓦伯便向厂长要来一支粉笔,把日班的产量6吨写在地上。前来接班的夜班工人,看见一个巨大的6字,得知是总裁所写。第二天早晨,当史瓦伯又来到车间,他看到昨天自己在地上写的6字,已经被夜班工人改成了7字。

成功需要激情。人们都是有惰性的,都要面子,他们成为英雄往往来源于外力的推动。在史瓦伯的激励下,日班和夜班相互较劲,钢铁产量逐步提高。不久,他们的产量在卡内基公司的所有钢铁厂中首屈一指。用一支粉笔就创造了生产力,史瓦伯确实该拿100万。

思想指挥行动,激将是激励手段中的一种。卡内基用100万激发史瓦伯,有效;史瓦伯用点子激发工人,也有效。会不会激将,体现了一个领导者水平的高低。杰克·韦尔奇说："激励你的同仁光是靠物质刺激是不够的，必须每天不断想出新点子，来激励并挑战他们。"

很多时候，劝将不如激将，人总是有自尊的，找准这个点，狠刺一下，通过巧妙的刺激，可以促其作出卓有成效的反应。

《西游记》中，猪八戒来请悟空出山救师傅，悟空因为是被唐僧撵走的，就有点儿拿架子，但一听八戒说那妖精要剥他的皮、抽他的筋、啃他的骨、吃他的心，直气得抓耳挠腮，下山救师去了。八戒并没有瞎编，但他对师兄所说的话是有选择的，因为悟空的个性八戒再熟悉不过了。激将的方式很重要，方式决定了最后的成败。

激将不是激化矛盾，必须有好的动机和可以把握的结果。淮阴无赖侮辱韩信胆小，扬言要么你杀了我，要么你从我胯下钻过去。还好他遇到的是韩信，要是遇到项羽、刘邦随便哪一个，其命休矣。一流的激将术首先应该是善意的，如果损人利己，终有暴露的一天。很多时候，激将之所以奏效，不是对方不明事理，而是被施计人的激情和良苦用心所触动。

激将一般都是遭贬，切忌滥用。男人易受斥责影响，女人易受颂扬影响。对男士适当刺激往往会产生好效应，而对女士则应多表扬少批评。和年纪也有关，血气方刚的青年，渴望建功立业，鲁迅一激，响者云集；而到了晚年，只想归隐山林，神游方外，千言万语他也无动于衷。老奸巨猾，十问九不应的很少被激得起。激将法对老于世故、过于沉稳、保守的人及生性多疑的人尤其难以奏效。

但是使用此法要适可而止。每个员工承受外界环境的刺激或压力都有一定的限度。在此限度内，给予刺激、压力的强度和"内驱力"成正比，即人们常说的"越激越奋发"，使压力变动力，如果有能力而没有勇气完成，那就激将；如果超过了这一限度，就会导致与期望相反的反应，强弩之末不能穿透一张白纸，既没本事又没勇气，激将法其奈我何？如此看来，激将应依人而施。

方式 33 让下属带着适当的压力去工作

关键词：激励领导·施加压力·调动积极性

适用情境：要调动下属工作积极性、激发其斗志时，可运用此方式。

压力有多大，动力就有多大，二者相辅相成，在管理中，领导者必须给被领导者一定的压力，才能调动被领导者的积极性，激发其斗志。当然，施加压力时必须把握好度，否则带来的负面效应也会很大。

爱好篮球的人都知道，拍篮球时，用的力越大，篮球就跳得越高。这就是"拍球效应"。拍球效应的寓意就是：承受的压力越大，人的潜能发挥程度越大，反之，人的压力较轻，潜能发挥程度就较小。

有一位经验丰富的老船长，当他的货轮卸货后在浩瀚的大海上返航时，突然遭遇到了可怕的风暴。水手们惊慌失措，老船长果断地命令水手们立刻打开货舱，往里面灌水。"船长是不是疯了，往船舱里灌水只会增加船的压力，使船下沉，这不是自寻死路吗？"一个年轻的水手嘟囔道。

看着船长严厉的神色，水手们还是照做了。随着货舱里的水位越升越高，随着船一寸一寸地下沉，依旧猛烈的狂风巨浪对船的威胁却一点一点地减小，货轮渐渐平稳了。

船长望着松了一口气的水手们说："百万吨的巨轮很少有被打翻的，被打翻的常常是根基轻的小船。船在负重的时候，是最安全的；空船时，则是最危险的。当然这种负重是要根据船的承载能力界定的，适当的压力可以抵挡暴风骤雨的侵袭，但如果是船不能承受之重，它就会如你们担心的那样，消失在海面。"

　　老船长就是运用了压力效应，才使得人船俱存。那些得过且过、没有一点压力的人，像风暴中没有载货的船，往往一场人生的狂风巨浪便会把他们打翻。而那些负荷过重的人，却不会被风浪击倒，而是自己沉寂于忙碌的生活。

　　有一则有关猎狗和兔子的寓言故事：一条猎狗将兔子赶出了窝，一直追赶它，追了很久仍没有捉到。一只羊看到此情景，讥笑猎狗说："你们两个之间，个子小的反而跑得快得多。"猎狗回答说："你不知道，我们两个跑的目的是完全不同的！我仅仅为了一顿饭，它却是为了性命。"该寓言故事深刻地揭示了这样一个道理：压力能产生动力，压力越大，动力越强。如果猎狗再不吃饭，马上就要饿死了，你再看看它的表现，肯定与当时不同。

　　人当然也需要有压力，有了压力就能将它转换成动力，才会在动力的驱动下产生自己想要得到的结果。压力伴随着人的一生，谁都不可能避免。它就像呼吸一样永远存在，只有呼吸停止了，压力才消失。有压力才有动力，人要是活在一个没有压力的环境下，就容易颓废，就很难有进步，如同水没有落差就不会流动一样。

　　给下属压重担，工作任务永远必须在能力之上，给部下加压、让其负起重担，本身就是一种信任和重托，能唤起人的崇高感、使命感和责任心，这样他将全力以赴、一心一意地全身心投入工作之中。

方式 34 运用物质奖励，激发下属工作的积极性

关键词：激励领导·物质奖励·激发下属

适用情境：要使下属发挥工作的积极性时可运用此方式。

在现代企业管理工作中，对于员工给予一定的物质奖励尤其重要。企业的领导者为什么要对员工进行物质奖励？很明显，企业对员工的奖励是以约束员工按照组织经济绩效最大化的原则为目的，最终还是为了企业的长远发展。这也就启示我们，企业对员工进行奖励是有目的性、有针对性的，最终是希望员工能以企业组织所设想的方式行事。企业的奖励政策与企业的规章制度构成了一个渠道，员工在这个渠道内去实现企业组织目标以及员工个人目标。因此我们可以说，奖励的目的在于激发员工的干劲，最终服务企业。

瑞蚨祥是一家北京的老字号，瑞蚨祥的创始人叫孟鸿升。由于瑞蚨祥百年以来始终坚持"至诚至上、货真价实、言不二价、童叟无欺"的经营宗旨，长期以来赢得了消费者的信赖，瑞蚨祥也成为一个享誉海内外的中华老字号。瑞蚨祥的成功自然是与老板的经营分不开，但是孟鸿升善于应用物质奖励来鼓励员工也是一个重要的原因。孟鸿升运用物质奖励激发手下人的工作积极性，方式主要有两种：一是红利均沾，二是入股合伙制。对于没有资本的员工，采取年底分红的方式；对于有本钱的员工，采取入股合伙的方式。

对有功劳者，孟鸿升特设一种类似于现在股票的东西，每年从赢利中抽出一份特别的红利，专门奖给对瑞蚨祥有贡献的人。这种股份是永久性的，一直可以拿到本人去世。有一次，瑞蚨祥对面的一排商店失火，火势迅速蔓延，眼看就要扑向瑞蚨祥门前的两块金字招牌。这时有一个叫吴思的伙计毫不犹

豫地用一桶冷水将全身淋湿，快速冲进火场，抢出招牌，头发、眉毛都让火烧掉了。孟鸿升闻讯，立即当众宣布给吴思一份这样的功劳股。这个事件对于其他的伙计们鼓励很大，从此以后，伙计们对于瑞蚨祥的事业更加兢兢业业。

企业的领导者都应该注意到物质奖励的重要性，但是给予下属不合理的物质奖励不但不会有助于工作，而且还会对于工作具有反作用，甚至于使工作更糟。这也是企业的领导者应该警惕的。为什么呢？

原因就在于奖励变成了另外一种形式的惩罚。看看企业的奖励计划吧，奖励的金额变得越来越低，奖励的标准变得越来越高，奖励就成为了一种惩罚。这个时候企业内部最容易形成对组织毫无意义的非正式组织，员工会用自己的方式来进行对抗和保护，例如降低产量和减少业务成交量。奖励的作用是激励，而不应当成为一种惩罚，因此在进行奖励计划设计时一定要注意这种转变。

应该明确一个观点：任何矛盾的产生都是源于利益的冲突。利益是驱动人们采取某些行为方式的一种力量，因此利益的分配、再分配等就将引起团队中的人际关系变得复杂。曾经有这样一个案例：一个销售企业领导者为了使部门内有一种竞争环境，就决定在部门内实行竞争管理模式，每个月对销售量最高的那个销售人员进行额外的奖励。过去在部门内，由于没有这种竞争模式，因此大家是一个整体，也乐于互相帮助。

但是采取了奖励措施后，当有人向团队内的其他人进行求助的时候，很多人会以种种理由躲避。这种关系复杂到什么程度？大家都知道，如果客户给销售人员打电话，就基本意味着合同基本可以签订下来了。但是由于奖励变成竞争，当某个客户打电话找他，大家都不会转告当事的销售人员。由此而引发的公司客户流失、企业形象受损等情况十分的严重。更有甚者，有的销售人员去偷取其他人员的客户资料，甚至在客户面前诋毁自己公司的销售人员。这些都是由于奖励造成了一种竞争，而竞争最后又演变成了一种矛盾，这种奖励措施收到了很坏的效果。

方式 35 运用精神鼓励，激发下属工作的积极性

关键词：激励领导·物质奖励·激发下属

适用情境：要发挥下属的工作积极性，给下属以精神上的动力，可运用此方式。

在下属眼里，究竟哪种奖励最得人心？对于企业领导者而言，用什么方式奖励下属能达到老板要求的最佳效果？这一直是萦绕在领导者心头的一个斯芬克斯之谜。

对于一个优秀的企业领导者来说，当然发奖金也是年末公司必做的事情，但是光谈钱也没很大意义，仅仅靠金钱上的鼓励并不能真正起到鼓舞人心的作用，也无法完美地体现公司的企业文化，只有达到物质奖励和精神鼓励的平衡，员工才会完全信服、全心全意地为之努力效劳。不少公司都非常注重在公司创造一种类似于家庭的氛围，例如笔者所知道的不少公司都有一个传统节日叫做"员工家庭日"，这是一个让同事之间联络感情、也让员工家属更加理解领导工作的绝好平台。在每年的这个日子里，企业的领导者都会邀请员工的家人或朋友前来一起搞联欢。平时大家工作很忙，8小时都在努力工作，彼此沟通和交流的机会不多，开联欢会就能促进友谊和情感；让大家的家属和朋友也参与进来，使他们同样可以感受到集体的其乐融融，以后对领导的工作也会更加理解、更加支持。

在企业组织里，如何调动员工的积极性，如何给予员工以精神奖励有很多方法。首先要做的是经常表扬一下下属员工，满足他们的自尊心。尤其是需

要经常当众表扬,或者单独面对员工口头称赞。背后对员工称赞由别人传到被表扬的员工耳里,这也是一个有效的方法。

另外,在与员工的接触之中要注意一些细节,通过微笑、点头、目光注视进行肢体性赞许。通过赞许性拍掌进行肢体表扬;伸大拇指进行肢体表扬。记住员工的电子邮件,发送电子邮件给员工进行书面表扬;单独写信给员工进行书面表扬;通过内部刊物对员工进行表扬;通过企业内部公示牌进行表扬;通过张贴表扬信进行表扬;利用文件的形式进行表扬;利用刊登有影响力的报刊杂志进行表扬;利用电视广告、广播、电脑广告进行宣传性表扬。总之,无论是口头表扬还是书面表扬,表扬内容一定要具体,讲究技巧。不然表扬的效果不会很明显,而且会让被表扬的员工觉得你这位老板很虚伪。

美国的 Jave 公司是硅谷的一家著名的高科技公司,在这方面这家公司为我们树立了一个好的榜样。为了充分调动员工的积极性,除了采取各种物质性的奖励办法,也有精神方面的奖励,两者相结合,从而使员工将自己的切身利益与整个公司的荣辱联系在一起,最大地发挥员工的积极性。该公司有时还会作出一些出人意料的决定,以增加公司的凝聚力。有一个员工的业务名片上有一些蓝颜色镀金边的盾牌,这是他 25 年工龄荣誉徽章复制图样,同时上边还印着烫金的压缩字:国际商用机器公司,25 年的忠诚。这就巧妙地告诉他,公司感激你 25 年来的努力工作,员工拿着这张名片,可以同认识他的每一个朋友分享这一荣誉。Jave 公司有个惯例,就是为工作成绩列入前 100 名的销售人员举行隆重的庆祝活动,而排在前 10 的销售人员还会荣获金圈奖。

为了表示这项活动的重要性,选择举办联欢会的地点也很讲究,例如到具有异国情调的夏威夷举行。有一个著名电视制片人参加了该俱乐部 1986 年金圈奖的颁奖活动,他说由于公司的重视,他们组织的这个活动具有很高的水平,当然,对于那些有幸获得金圈奖的人来说,就更有荣耀感。有几个金圈奖获得者在他们过去的工作中多次获得这种奖项,因而,在颁奖活动期间,分几次放映有关他们本人及家庭的纪录影片，每人约占 5 分钟左右，影片质量与制片厂的质量不相上下。颁奖活动中的所有动人情景难以用语言描绘，特别应指出的是，公司的高层领导自始至终参加，更激起人们的热情。

对于公司来说，这件事做起来并不难，但是它在员工的心目中激起的感情波澜是巨大的，由此可见，Jave 公司在给予员工精神鼓励方面显然是一个高手。

方式 36　用积极向上、充满热情的士气激发下属的工作激情

关键词：激励领导·积极向上·工作激情

适用情境：激发下属的工作热情时可运用此方式。

相比西方的企业管理，中国企业管理中的伦理色彩更为浓厚。之所以会这样，是因为中国文化是典型的群体文化。在这种文化背景下，被领导者对领导者的要求更高，因此，在中国的企业里从事管理，下属是否拥戴上级，对管理有效性的决定意义尤为显著。

领导者在任何情况下都应该是积极向上、充满热情的。没有人会拥戴一个消极的上级。虽然领导者也会郁闷、烦恼，也有牢骚，但是，这些都必须埋在心里，绝不能让下属看到。当然，在有需要的情况下，不得已会让下属看到，但那是作为一种管理的手段，是刻意为之。

曾经看到过这样一个故事：

曾经有一个牧羊人，他放牧的羊群经常会死掉一些羊，无论他采取什么

样的措施,每年还是总要死去一些。为此,他请教一个朋友,朋友告诉他,不妨引进几只狼试试,他听从了朋友的建议,没有想到的是,羊的死亡率大大降低了,为什么在羊群里放进几只狼,就可以有效地降低羊的死亡率呢?原来,羊和狼是天敌,当狼进入羊群后,羊为了活命,就会拼命地奔跑,在跑的过程中,激发了自身的生命力、免疫力,从而增大了自身的活性,减少了自然死亡率。

　　类似的故事还有一个:在日本,有很多渔民每天都出海捕捞鳗鱼,但是因为船舱小,等回到岸边的时候,鳗鱼也基本死得差不多了。自然,死鱼卖不上好价钱。可是,却有一位老渔民每次回来时捕的鳗鱼都活蹦乱跳的,因此,他的鳗鱼总是能卖出好价格,久而久之就成了当地的一个富翁。其他的渔民都不理解,船舱和捕鱼的工具都一样,凭什么他的鳗鱼就不会死呢?这个渔民临死前才把秘密透露给他的儿子,原来他在装鳗鱼的船舱里放了一些鲶鱼。鳗鱼和鲶鱼天生好斗,鳗鱼为了对抗鲶鱼而拼命反抗,它们的生存本能被充分地调动起来,所以大多能活下来。而其他人的鳗鱼呢?知道等待它们的只有死路一条,所以,也就坐以待毙了。

　　这两个故事说明什么呢?其实,它们告诉我们同一个道理:那就是如何才能调动团队成员的内在动力,如何才能避免下属产生"当一天和尚,撞一天钟"的消极态度;如何才能有效激发下属的斗志,而避免成为"休克鱼"。那么,作为一个团队领导者,如何才能有效地激发团队的活力呢?

　　很多企业的营销领导者,经常告诉我们这样一个事实:他的下属没有激情,犹如"老态龙钟"。其实,如果领导者忽略了对下属的管理与激励,团队成员容易成为"温水里的青蛙":得过且过,悠哉地过着日子,而感觉不到外在的威胁。任何一个团队在"一潭死水"的情况下,都会慢慢地失去斗志,失去工作的驱动力,团队也会慢慢地失去战斗力。

　　因此,作为企业的高层领导者,就必须在团队"疲软"之前,适时引入一些"狼"进来,从而让一些"休眠"的员工"醒来"。比如,可以通过引入具有"狼性"的新员工进来,这些"外来人"就有可能会成为他们潜在的威胁,从而让一部分人不至于"沉迷"、"陶醉"太深。通过引入新人,为团队注入"新鲜血液",从而保持团队持久的活力。

当然,竞争机制是使团体保持活力的必要手段。一个调味品公司的经历证明竞争机制的重要性,这个公司,曾经采取了类似吃大锅饭的固定工资制。结果,大家都不愿意多干活,偶尔有时生意忙了,要求加班,工人还不愿意,更不乐意,甚至有人以请假来逃避。后来,经理变换了薪酬的考核方式,变固定工资制为计件工资制,充分体现多劳多得。结果,让人欣慰的一幕出现了:工人再也不用催着去上班了,他们加班加点,甚至利用休息时间,帮着装车、卸车,生产效率得到了很大的提高。

其实,经理就是引入了竞争机制,旨在让大家互相赶超,并让付出与收获成正比。因此,领导者要想不让下属成为"温水里的青蛙",就一定要引入竞争机制,让大家在一个平台上体现能者多劳、能者多得,多劳多得的原则。

巧妙地激励能激发活力。团队没有竞争,就没有活力。团队要想有活力,还必须要巧妙激励。激励分为正激励和负激励,有经验的领导者,总是通过多用正激励,少用负激励的方式,来最大化地调动员工的积极性。

通用汽车公司的前CEO韦尔奇,曾经总结出激发下属的"活力曲线"。他把员工分为3类,分别是明星员工、活力员工、落后员工。其中,明星员工大约占到所有员工的10%,对这些员工,采取的是"加薪、加心、加信"的正激励;活力员工,大约占到80%,要求他们上进、上进、再上进;余下的10%是落后员工,对他们是裁员、裁员再裁员。韦尔奇的逻辑是——企业不向员工承诺终身就业,而是应该努力让他们拥有"终身就业能力"。

"韦尔奇活力曲线"其实就管理的本质来讲,是抓两头、放中间,即抓先进和后进员工,以此来带动中间员工。笔者在一家集团做管理时,每月都会让一些做得优秀的营销人员上台介绍他的成功经验,同时,也让个别做得差的员工也上台分享他失败的经历,通过树立正反榜样,来激发大家赶先进,避教训,让大伙都能不断地提高。

方式37 引入竞争机制，让下属有竞争意识

关键词： 激励领导·竞争机制·竞争意识

适用情境： 以竞争激励下属时，可运用此方式。

领导者应向部属说明企业竞争力的重要性。强有力的竞争，可以促使员工发挥高效能的作用。因此，在对下属的管理中，引入竞争机制，让每个人都有竞争的意识，并能投入到竞争之中，组织的活力就永远不会衰竭。

心理科学实验表明，竞争可以增加一个人50%或更多的创造力。每个人都有上进心、自尊心，耻于落后。竞争是刺激他们上进的最有效的方法，自然也是激励员工的最佳手段。没有竞争，就没有活力。没有压力，组织也好、个人也好，都不能发挥出全部的潜能。

竞争中要注意的问题是，竞争的规则要科学、合理，执行规则要公正，要防止不正当竞争，培养团队精神。有些竞争不但不能激励员工，反而挫伤了员工的士气。如果优秀者受到揶揄，就是规则出了问题，不足以使人信服。不可否认，竞争确有负面的影响，尤其在员工素质较差时，可能会出现一种无序的恶性竞争或不良竞争，影响企业的发展。但竞争的好处是显而易见的，利大于弊，领导者还是大胆地鼓励竞争吧！只有平庸的人才害怕竞争。

竞争中任何一点不公正都会使竞争的光环消失，如同一场裁判偏袒一方的足球赛。如企业竞选某一职位，员工知道领导早已内定，还会对竞选感兴趣吗？如进行销售比赛，对完不成任务的员工也给予奖励，能不挫伤先进员工的积极性吗？失去了公正，竞争就失去了意义，只有公正才能达到竞争的目的。

凡是竞争激烈的地方，经常会发生不正当竞争，如：不再对同事的工作给予支持，而是背后互相攻击、互相拆台；封锁消息、技术、资料；在任何事情上都成为水火不相容的"我们和你们"；采取损害公司整体利益的方法竞争等等，这些竞争势必破坏团队精神。企业的成功依赖于全体员工的团结、目标一致，而不正当的竞争足以毫不留情地毁掉一个组织。

为了避免不正当竞争的弊端，首先要进行团队精神塑造，让大家明白竞争的目标是团队的发展，"内耗"不是竞争的目标；其次是创造一个附有奖励的共同目标，只有团结合作才能达到；第三是对竞争的内容、形式进行改革，剔除能产生彼此对抗、直接影响对方利益的竞争项目；第四是创造或找出一个共同的威胁或"敌人"，如另一家同行业的公司，以此淡化、转移员工间的对抗情绪；最后是直接摊牌，立即召见相关人员把问题讲明白，批评彼此暗算、不合作的行为，指出从现在开始，只有合作才能受到奖励，或者批评不正当竞争者，表扬正当竞争者。

第六章

"化解式"领导

不会处理矛盾的领导不是好领导

许多立志于建立高效团队的领导者在谈到"冲突"时都闻风色变。的确,在传统意义上,冲突被认为是造成不安、紧张、不和、动荡、混乱乃至分裂瓦解的重要原因之一。所以,对领导者而言,不能化解冲突,最终就要被冲突"化解"。

方式 38　只要真理在握，就坚决贯彻到底

关键词：领导方式·关键问题·决断

适用情境：当下属提出不同意见时可运用此方式。

在企业中经常会发生的一个问题就是某个问题总是，能连续引发某些人之间的冲突，或者是某几个部门之间的冲突，这时就需要领导者出面针对这一问题，考虑调整某些工作的流程，或者是制定一些能够缓冲矛盾的制度加以规范。

一个组织中的一些冲突并不是那么容易化解的，或许会存在一些不正常的特殊的情况，就需要请示上级的管理人员，要求高层运用职权来解决，比如说恶意的冲突等。

美国总统林肯，在他上任后不久，有一次将 6 个幕僚召集在一起开会。林肯提出了一个重要法案，而幕僚们的看法并不统一，于是 7 个人便热烈地争论起来。林肯在仔细听取其他 6 个人的意见后，仍感到自己是正确的。在最后决策的时候，6 个幕僚一致反对林肯的意见，但林肯仍固执己见，他说："虽然只有我一个人赞成但我仍要宣布，这个法案通过了。"

表面上看，林肯这种忽视多数人意见的做法似乎过于独断专行。其实，林肯已经仔细地了解了其他 6 个人的看法并经过深思熟虑，认定自己的方案最为合理。而其他 6 个人持反对意见，只是一个条件反射，有的人甚至是人云亦云，根本就没有认真考虑过这个方案。既然如此，自然应该力排众议，坚持己见。因为，所谓讨论，无非就是从各种不同的意见中选择出一个最合理的。既

然自己是对的,那还有什么犹豫的呢?

在企业,经常会遇到这种情况:新的意见和想法一经提出,必定会有反对者。其中有对新意见不甚了解的人,也有为反对而反对的人。一片反对声中,领导者犹如鹤立鸡群,限于孤立之境。这时候,领导者不要害怕孤立。对于不了解的人,要满怀热忱,耐心地向他说明道理,使反对者变成赞成者。对于为反对而反对的人,任你怎么说,恐怕他们也不会接受,那么,就干脆不要寄希望于他会赞同。

决断,是不能由多数人来做出的。多数人的意见是要听的,但作出决断的,是一个人。重要的是你的提议和决策是对的,只要真理在握,就应坚决地贯彻下去。

方式 39　处理问题要对事不对人

关键词: 领导方式·解决问题·对事不对人

适用情境: 下属情绪激动,欲产生冲突时可运用此方式。

冲突一旦发生很容易让人头脑发热、情绪激动,在这种情况下,作为领导者要及时调节双方的情绪,让双方明白一个团队目标的实现需要的是大家的共同努力,而不应该把个人的情绪带入工作当中。如果有人出了差错,领导者千万别急着抱怨这个问题。建议强行控制一下自己的情绪,第一反应应该是:应该检查这条"路",这条"路"有问题。国内有位著名的管理咨询师讲述了这样一个故事:

有一个令我印象深刻的经历。我们要为一家企业界提供一次内部员工训练。按惯例，作为训前调，研我与该公司总经理进行一次深入的交流。这家公司的办公室在一幢豪华的写字楼里，落地玻璃墙，非常气派。交流中，透过总经理办公室的窗子，我无意间看到有来访客人因不注意，头撞上了高大明亮的玻璃大门。大约过了不到一刻钟，竟然又看到了另外一个客户在刚才同一个地方头撞玻璃。前台接待小姐忍不住笑了，那表情显然流露的是："这些人也真是的，走起路来，这么大的玻璃居然也看不见，眼睛到儿哪去了？"

这一幕，我与总经理都同时注意到了。彼此相视一笑，我问："以前这儿也有过撞玻璃的事吗？"他答道："好像也有过。"因为他们公司是我们的老客户，大家非常熟悉，我开玩笑似地问道："请问，您认为这里有什么问题？"他知道我不会随便问这个问题，立即反问我："请问易老师，你看到了什么问题？"我继续开玩笑道："有一点是肯定的，那就是你们的玻璃擦得实在太干净，以至于走路的人误以为这里没玻璃。"说完，我们两人会心地哈哈大笑。

其实我们知道，解决问题的方法很简单，那就是在这扇门上贴上一根横标志线，或贴上一个公司标志图即可。然而，问题真正的关键是，为什么这里多次出现问题可就是没人来解决呢？这一现象背后真正隐含着的是一个重要的解决问题的思维方式，即"修路原则"。

当一个人在同一个地方出现两次以上同样的差错，或者，两个以上不同的人在同一个地方出现同一个差错，那一定不是人有问题，而是这条让他们出差错的"路"有问题。此时，作为问题的领导者最重要的工作不是管人——要求他不要重犯错。

如果我们照以前那样的方式思考，你会发现，只要这条路有问题，你不在这里出差错，还会有其他人会因为它而出错；今天没人在这里出差错，明天还会有。比如，有一盆花放在路边某一处，若有两个人路过时，都不小心碰了它一下，现在，正确的反应是：不是这两个人走路不小心，而是这盆花不该放在这里或不该这样摆放。

一般认为，如果一个人在同一个地方摔上两跤，他会被人们耻笑为"笨蛋"；如果两个人在同一个地方各摔一跤，他们会被人耻笑为两个笨蛋。按照"修路原则"，正确的反应是：是谁修了一条让人这么容易摔跤的路？如何修好这条路，才不至于再让人在这里摔跤？

如果有人重复出错，那一定是"路"有问题。比如，对他训练不够、相交流程不合理、操作性太过复杂、预防措施不严密等。

邓小平有一句名言：好的制度能让坏人干不了坏事；不好的制度，能让好人变坏。领导者想要执行顺利，一方面，尽量提升人的素养，不要那么容易被"路障"绊倒；更重要的，立即把"路"修好，让它不容易绊倒别人。只要一发现有问题，立即"修路"，这样，就会因为"路"越修越好，而相关问题也就越来越少，进步也就越来越多。

使管理得到进步最快的方法之一就是：每次完善一点点，每天进步一点点，每个人每一次都能因不断修"路"而进步一点点。

所有的领导者在批评人时都有一句口头禅，那就是对事不对人，但以笔者的经验，很多领导者实际在抱着这样一个良好的愿望和美妙的借口，在对人而不是对事。那么如何领导者也很冤枉，并且也往往能摆出很多的事实在说明他在对事不对人。那么如何评价一个领导者在处理问题时到底是在对事还是在对人？如何才能做到对事不对人呢？笔者认为：如果领导者最后把事情解决了，类似的事情解决了，并且在以后不对当事人产生主观评价，那就是对事不对人。如何才能做到对事不对人呢？即对其行为要"厌"、要"恶"；但对其人要"尊"、要"爱"，这是处理复杂人际关系的一条重要原则。

管理就是一种严肃的爱，按制度办事与讲情面，是不可调和的矛盾。关键看你处理得是否巧妙与恰当。既能坚持制度的严肃性，又不伤人的感情，这才是一个领导的高明之处。

在日常管理工作中，每个员工都有可能出现错误，碰到这种情况时，最好是对事不对人，做到对事无情，对人有情。比如，你的同事，你的下属，有做得不对的地方，你就要从讲原则的角度出发，该批评的就批评，该处罚的就处罚,这样既可以做到一视同仁,也能对其他人起到醒的作用。同时只有对事讲原则,才能不破坏规矩和制度。

事情是人做的,对事无情,有可能伤害对方的心,所以,处事要做到对人有情。对人有情,既能说服对方,又能使对方心存好感,从而赢得人心。对事不对人,对事要按制度办事,而对人却要讲情面。如果对事无情,对人也无情,自然会遭到对方的反感,难以达成解决问题的目的。

当许多领导者在一味地强调制度的时候,他们往往会忽略人情的重要性。有时候,人情的威力远远大于冷冰冰的制度影响。只有在讲制度的同时,又给员工以关心和爱护,才能真正激发员工,管好企业。

方式40 以"信任"去说服下属

关键词:纠错式领导·信任·说服

适用情境:以信任说服下属改正错误时,可运用此方式。

信任是为了促进人与人之间的合作关系。在心理学中,信任是社会影响概念中不可或缺的一部分:因为影响或说服一个信任你的人是容易的。

信任是进行说服的基础,没有这个基础,任何说服都不会取得理想的效果。同样一个十分有利于公司发展的方案,如果领导信任你,他就容易接受;相反,如果领导不相信你,那么,他就难以接受。

在说服他人的时候,最重要的是取得对方的信任。只有对方信任你,才会正确地、友好地理解你的观点和理由。社会心理学家们认为,信任是人际沟通的"过滤器"。只有对方信任你,才会理解你友好的动机。否则,如果对方不信任你,即使你说服他的动机是友好的,也会经过"不信任"的"过滤器"作用而变成其他的东西。因此说服他人时,若能取得他人的信任,是非常重要的。

为了让自己的说服更加有效,适时消除对方的戒备心理,对于整个说服结果的成功与否,往往能起到催化剂的作用。特别是说服的对象持有顽固的见解时,直来直去地阐述自己的观点往往会碰壁,遇到这种情况最好能够采用这种方式。

其实,适时消除对方的戒备心理,也就是说,把对方的注意力从他敏感的问题上引开,绕个弯子,再回到正题上来,这样可以消除对方的戒心,避免陷入僵局。正所谓:与人交谈,要让对方接受自己的观点,不要先讨论双方不一致的问题,而要先强调,并且反复强调你们认可的事情。让对方一开始就说"是"、"对的",而不要让对方一开始就不同意。

下面这个历史故事就能很好地说明这个道理:

明武宗时,秦藩请求加封陕边地,而此地战略位置十分重要,与国家社稷的关系更是紧密相连,但是皇上受人撺掇,已经同意了,叫大学士们起草一个加封的诏书,梁文康奉命起草了这份诏书,他就巧妙地采用正话反说的方法表达了劝阻皇帝、改变封地的意见。

他写道:"过去皇太祖曾诏令说:'这块土地不能封给藩王,不是吝啬,而是考虑到它的地广物丰,藩王得到后一定会多养士兵马匹,也一定会因富庶而变得骄纵。如果此时有奸人挑拨引诱,就会行为不轨,有害于国家。'现在藩王既然恳请得到这块土地,那么就加封给你吧! 但得此地之后,不要在此收聚奸人,不要在此多养士兵马匹,不要听信坏人挑唆,图谋不轨,扰乱边境,危害国家。否则,那时想保全自己的妻子儿女都不可能了。请藩王在此事上慎之又慎,不要疏忽。"果然,明武宗看到诏书后很忧虑,觉得不把此地封给藩王为好。

在说服对方时要有诚恳的态度。诚恳,意味着诚挚、恳切,其本质是以对方为中心,一切为对方的利益考虑。在中国古代,有的大臣甚至会以"死谏"的方式来说服君主改变态度,这种不惜一死以竭力说服君主的精神,可以说是诚恳至极了。对于现代的领导者来说,一种参天化地的坦荡胸怀,一定能使他诚恳地面对疑虑者、反对者。这种精神,就是一种最伟大的说服力。

当你作为一个领导,欲将某一困难的工作任务交付同事或下属时,明知可能不为对方所接受,甚至还会引起他的非难,但此事又太重要实在非他莫属。要说服他十分困难,你不妨在进入主题之前先说一句:"现在我要向你说这么一句话,虽然明知你会感到不愉快!"对方听了以后,便不好意思拒绝或非难你,因为你毕竟是领导。先行自责,就等于在对方的手脚上加了枷锁,使他无法拒绝你,无法拒绝你的意见,从而接受你的难题,达到间接服人的目的。

方式 41 把握最佳时机说服下属

关键词:把握时机·说服下属·说服技巧

适用情境:想得到说服他人的技巧时,可查看此方式。

说服别人是需要一定技巧的。其中最重要的是依循一定的步骤,采取步步为营的策略,才能稳中求胜。

一是吸引对方的注意和兴趣。也就是说,务必要吸引劝说对方将注意力集中到自己设定的话题上。利用话语转移他的注意力,让他愿意并且有兴趣往下听。

二是明确表达自己的思想。明白、清楚的表达能力是成功说服的首要要素。对方能否轻松地倾听自己的想法与计划,取决于领导者如何巧妙运用他的语言技巧。因此，准确、具体地说明自己所想表达的话题，就能够顺利地让对方在脑海里产生鲜明的印象。

三是动之以情。说服前只有准确地揣摩出对方的心理，才能够打动人心。通过你说服对方的内容，了解对方对此话题究竟是否喜好、是否满意，再顺势动之以情或诱之以利，不断刺激他的欲望。一般而言，人的思维和行动都是由意识控制，即使他人和外界如何地建议或强迫，也不见得能使其改变。因此，想要以口才服人的人，必须意识到说服的主角不是自己而是对方。

精通说服技巧的人，往往能够用语言这个"动力"牵引交涉的"火车"，使其沿着预设的轨道平稳而又快速地到达目的地。说服是艺术，能说会道、能言善辩者，能使难成之事心想事成，能在紧要关头化险为夷，能在为人处世时左右逢源，令人尊敬，业绩辉煌。马克·吐温曾说过："同样是说话，同样是阐述自己的思想，有人惹来了一身麻烦，有人却赢得了阵阵掌声，这就是表达的哲学。"

说服他人能否成功，是受多种因素制约的。其中，能否抓准说服的最佳时机，是至关重要的。俗话说，干什么事情都要趁热打铁。趁热打铁，也就是要求办事要掌握火候，掌握时机。

孔子在总结教学经验时说过"不愤不启，不悱不发"的话，意思是说，教导学生，要讲究时机，不到他追求明白而又弄不清楚的焦急时候，不去开导他；不到他想说而说不出来的时候不去启发他。这个道理，推而广之，用在说服他人上，也是一样的。

大量的事实证明，抓住了最佳时机，一语值千金，事半功倍；背其时，则一钱不值，事倍功半。正如一个参赛的棒球运动员，虽有良好的技艺、强健的体魄，但是他没有把握住击球的"决定性的瞬间"，或早或迟，棒就落空了。同样，一个人说话的内容不论如何精彩，但如果时机掌握不好，也无法达到说话的目的。

因为听者的内心，往往随着时间的变化而变化。所以要对方愿意听你的话或者接受你的观点，就应当选择适当的时机。说服的最佳时机很古怪，看不见、摸不着，而且随着人的思想和环境的不断变化时而出现时而隐没，往往稍纵即逝，所以说服者不得不精心研究、捕捉。时机对说服者来说非常宝贵，但什么时候才是这"决定性的瞬间"，怎样才能判明并抓住？它并没有一定的规则，主要是看当时的具体情况，凭经验和感觉而定。

明朝的魏忠贤把持朝政，对说服时机的把握可以算是典范。明熹宗朱由校长年不见大臣，除了声色犬马之外，他还有一个特殊的嗜好，就是爱做木工活，他曾经亲自用大木桶、铜缸之类的容器，凿孔、装上机关，做成喷泉，还制成各种精巧的楼台亭阁，还亲自动手上漆彩绘，他常年乐此不疲。魏忠贤便利用了这一点，每当朱由校专心制作时，他便在一旁不住口地喝彩、夸奖，说什么"老天爷赐给万岁爷如此的聪明，凡人哪能做得到啊！"皇帝听了更是得意，也更专心了。就在这种时刻，魏忠贤便以朝中之事向他启奏，他哪里还会对这些事有兴趣呢？便不耐烦地挥挥手说："我已经知道了，你自己看着办吧，别再麻烦我。"魏忠贤就这样把大权抓在手中。

可见，时机掌握不好，会影响进言效果，也许一件好事会办砸；而掌握了最佳时机，适时地表现出个人的意图，往往会让对方于不知不觉间就被你说服。

在说服人的时候，要特别注意把时机选在对方心情比较平和的时候。因为一些人由于劳累、遇到不顺心或正在把注意力集中在其他事情上时，是没有心情来听你说话的。开口说话之前，应先看看对方的脸色，看了脸色，才决定说什么话。

此外，从心理学观点来看，任何人的身心都可能受到一种所谓的"生物时间"所支配，每当到了黄昏时分，精神就比较脆弱，容易被说服。一般说来，女性较男性更为情绪化，当受了"生物时间"不协调的影响时，也较男性更易于陷入不安和伤感。

众所周知，煽动天才德国纳粹的头头希特勒，集会时间每每都选择在黄昏时刻,由此可知他颇为了解人心的倾向。像这种巧妙利用"生物时间"的变化来攻击对方的做法,在商业谈判上也很有效。

譬如我们认为商谈困难时,最好就选择傍晚时分,若是开会,则将会议拖延至傍晚等。所以选择这个时候进行交涉或举行会议,是实现自己计划的理想时刻。对成功的希望感到渺茫时,最好将交涉时间选定在傍晚。我们在劝说别人、或有求于人的时候,要注意时机;当领导不高兴的时候不要进言,可以等他心情好的时候进言。只有这样,才能把握说服的最佳时机。

方式 42 给下属讲一些大道理

关键词:领导方式·说服式领导·大道理

适用情境:要从思想上彻底说服下属时,可运用此方式。

某部门员工小张一段时间干工作不积极主动,主管找他谈话:"大道理我就不讲了,从个人发展角度讲你也应该好好干,年底我们也好能给你多发一些奖金啊……" 听了主管的"指点迷津",小张的工作态度果然有所改变,主管也感到自己的" 小道理"起了作用。

所谓大道理,就是工作应有的态度、方法等理论,然而,在现实生活中,一些领导者在做下属思想动员时,眼睛往往只盯住鼻子尖上的"小道理",却将大道理撇在一边,其结果自然是拣了"芝麻",丢了"西瓜"。造成这种现象的原因,领导者的主观因素居多:一是自己不会讲。对大道理知之不多或一知半解,做别人的思想工作当然说不出什么"道道"来。二是不愿讲。大道理一般都比较"抽象"、"深奥",要讲好不是件容易的事。

一家国营企业面临产品滞销的困境，干部职工压力很大。国企的主管单位派出一名干部去给大家鼓鼓劲儿。在开讲之前，这名干部到厂里开了座谈会，了解到大家心气不高的原因。之后，他在职工大会上激情澎湃地说道："工人两个字叠起来，就是个天字啊。只要我们全厂职工团结起来，干部和工人拧成一股绳，群策群力，力量比天还要大，就没有过不去的火焰山。"由于他面对的是工人群众，开口就用生动的比喻肯定集体的力量，激发大家战胜困难的信心，这是大道理，但工人们心想，是这个理儿，台下继而响起了热烈的掌声。

讲大道理就是宣传真理，现在的员工很现实，但他们不是不信大道理，而是反感那种似是而非的空泛说教。所以，在讲话中坚持做到提倡什么，反对什么，观点鲜明。善于用身边的人和事为例去讲道理，让事实说话，比空洞的说教更让人信服。领导者应该在平日多看书、读报或在调研中注意搜集资料，手里有资料、事例，讲起话来就有充足的论据来证明观点，增强讲道理的说服力。

在工作中，领导者往往是一个企业单位或团体中的核心人物，其特殊的身份和职务决定了必须要具备较高的综合素质。而在这些综合素质中，口才艺术是重中之重。领导者口才的优劣，直接决定着管理工作的绩效。

"片语可以兴邦，一言可以辱国！"——这就是口才的价值！从古至今，口才的作用不但改变了个人，甚至还改变了历史。春秋时的毛遂自荐使楚，口若悬河，迫使楚王歃血为盟；战国时的苏秦游说诸侯，身挂六国帅印，促成合纵抗秦联盟；三国时诸葛亮出使东吴，舌战群儒，说服吴主孙权联刘抗曹，而获赤壁大捷……有了才干，即使没有口才，虽然也可以达到目的，但有才干兼有口才的人，成功的希望更大。你的才干可以通过言语谈吐加以充分地表露。

方式 43 与下属的是非旋涡保持距离

关键词：领导方式·是非旋涡·保持距离

适用情境：面对下属间的是是非非可运用此方式。

军旅生涯使戴高乐建立了一个座右铭："保持一定的距离。"这也深刻地影响了他和顾问、智囊和参谋们的关系。在他十多年的总统岁月里，他的秘书处、办公厅和私人参谋部等顾问和智囊机构，没有什么人的工作年限能超过两年以上。他对新上任的办公厅主任总是这样说："我使用你两年。正如人们不能以参谋部的工作作为自己的职业，你也不能以办公厅主任作为自己的职业。"这就是戴高乐的规定。

这一规定出于两方面原因：一是在他看来，调动是正常的，而固定是不正常的。这是受部队做法的影响，因为军队是流动的，没有始终固定在一个地方的军队。二是他不想让"这些人"变成他"离不开的人"。这表明戴高乐是个主要靠自己的思维和决断而生存的领袖，他不容许身边有永远离不开的人。只有调动，才能保持一定距离，而唯有保持一定的距离，才能保证顾问和参谋的思维和决断具有新鲜感和充满朝气，也就可以杜绝年长日久的顾问和参谋们利用总统和政府的名义营私舞弊。

古代有个人，在城里开了一家当铺。有一年年底，有位穷邻居将衣物押了钱，却空手来取，伙计不给他，他就破口大骂，人们都说这个人不讲理。

但是，那个穷邻居仍然是气势汹汹，不仅不肯离开，反而坐在当铺口。

当铺老板见此情景，从容地命令店员找出那位邻居的典当物，加起来共有衣服四五件。伙计不明白他的意思,他解释道:"我明白他的意图,不过是为了度年关。这种小事,值得这样面红耳赤地争吵吗?"

随后,老板又指着棉袄对穷人说:"这件衣服御寒不能少。"又指着外袍说:"这件给你拜年用。其他的东西不急用,还是先留在这里,等你有钱再来取。"

那位穷邻居拿到两件衣服,不好意思再闹下去,只好离开了。

谁知,当天夜里,这个穷汉竟然死在别人的家里。

原来,穷汉和别人打了一年多的官司,因为负债过多,不想活了。但是,死后他的妻儿将无依无靠,于是他就先服了毒药,故意寻衅闹事。他知道当铺老板富有,想敲诈一笔安家费,结果老板以圆融的手法化解了,没让这个穷汉得逞。于是他就转移到另一户人家里去无理取闹,最后,这户人家对他大发雷霆,还让家丁打了穷汉一顿。没想到穷汉当场就死了。后来,这户人家只好自认倒霉,出面为他办理丧葬事宜,并赔了一笔钱给穷人的妻儿。

事后有人问那位当铺老板:"难道你是事先知情才这么容忍他。"当铺老板回答说:"凡是无理挑衅的人,一定有所依仗。如果不能远离他们故意设置的是非,那么灾祸就会立刻来了。"

所谓"得饶人处且饶人",那个当铺老板并不是先知,而是他懂得为自己和他人留后路,所以得到了好的回报。对于穷汉来说,反正他已经决意寻死,没有什么好损失的,所以豁出去了,决定找个有钱人闹个天翻地覆。

不能够远离是非的人,可能就因此被卷进了烈焰般的是非旋涡之中,一起烧得灰飞烟灭。你可以说他倒霉,但也是因为他不够冷静有见识,所以不会主动避让,或是逃得不够远,才会有不良后果。

做人要厚道,固然是老生常谈,但仔细想起来却是再实在不过的道理;为人态度谦恭有礼,行事多给别人一分尊重,无理取闹之人自然就闹不起来,自己也就得以远离是非圈了。

方式 44 当冲突双方情绪过于激动时，
"冷处理"更有效

关键词：冲突·情绪激动·冷处理

适用情境：当冲突双方情绪过于激动时，可运用此方式。

在企业团队发生人际关系冲突时，当冲突微不足道、不值得花费大量时间和精力去解决时，企业的领导者应该使卷入冲突的双方成员暂时回避或让步，以避免发生实际或潜在的争端。回避和冷处理是一种巧妙而有效的策略，尤其是当冲突各方情绪过于激动，需要时间使他们恢复平静时。

《三十六计》中说："阳乖序乱，阴以待逆。暴戾恣睢，其势自毙。顺以动豫，豫顺以动。"第一句"阳乖序乱"，有两种不同的译法，一曰"敌方内部矛盾激化以致外人都能看出其造成的混乱"，二曰"表面回避对方秩序的混乱"。可以说后者翻译恰当。因为"乖"字除了有"戾、不和"之意外，也有"违背、分离、隔绝"之意，而且如此译法，与"阴以待逆"上下一致，顺畅。整段注解的意思为：表面回避其乱，暗中等待其变。当其内部暴乱失去控制时，不攻而自毙。

某研究所所长要增加一个副所长来协助自己工作，准备在各室主任中挑选，考察期为一年。其中有一个科室，一正一副两个主任，两人一个是双学位的大学本科毕业，另一个是硕士毕业，工作能力都很强，研究成果也不少。为了争取研究所副所长的职位，二人各不相让。这本来很正常，但双方却不是正当竞争，而是互相指责，你说我没有规划，我说你自作主张，你说我私吞员工奖金，我说你谎报出差发票。发展到后来，两人表面相安无事，谁也不理谁，但暗地里的勾心斗角已经发展到了一触即发的边缘。另一个科室的候选人以为这是个大好时机，就向研究所所长做了详细的报告，认为自己比这两个主任更有资格担任副所长一职，协助所长抓好研究所的工作。但所长心中的目标人选却仍然是那两位正副主任。不过，他并未言明，而是表现出对该主任的兴趣，接连几天，不停地找该主任谈话。那两位正副主任见到这个情形，突然一下子醒悟过来，二人握手言欢、和好如初，工作上配合得更好了。最终正主任因为在各方面能力更强一些，当上了副所长。

为什么只于隔岸观火，而不是登岸临火火上浇油？首先，你得付油钱，也许不多，可能承受；其次，你还要去"浇"油，无论怎么浇法，都得费点脑筋出点力气；而最主要的，在两点：第一，即使你很在意，没有引火烧身，但靠近火焰，被烤的滋味未必好受，更有可能被烤糊烤焦了，也容易被点着。第二，"发火"的是人，当你带着杀气而至，他们会不寒而栗，哆嗦打个冷颤，可能立刻就会清醒，停止内讧，联手对你，你就吃不了也兜不走，说不定死于非命。所以，领导者好的策略，是坐山观虎斗，待两人在斗争中把问题展现得淋漓尽致时再做判断。

第七章

"张弛式"领导
刚柔并济，宽严相融

古人有言曰："文武之道，一张一弛。"这句话说的是中国古代贤明的君主周文王、周武王治理国家时运用的一个方略。这种方略在当下的领导领域依然很有效，对于一个领导者来说，在具体的管理之中应做到该罚则罚，该宽容则宽容。

方式 45 大事认真，小事糊涂

关键词：纠错式领导·大事认真·小事糊涂

适用情境：当下属犯错不知该如何处理时，可运用此方式视情况而定。

经营企业就是经营人，经营人的关键在于老板要懂得做人。好老板要学会小事糊涂，大事认真。当然，这种糊涂不是老板真的很糊涂，而是老板需要学会装糊涂，要信任员工。老板不能太斤斤计较。你一定要学会睁一只眼，闭一只眼。不要老是盯着小细节不放，不该管的事不要管。因为世上没有完美的人和完美的事，人生不如意十有八九，所以，老板不要总是抱怨这里不如意，那里不如意。不是说钱花得太多了，就是说事情没办好。这样会严重打击员工工作的积极性。员工做错小事情，如果老板能原谅员工，包容员工，那么员工会感动，会对企业更忠诚。相反，如果老板过分批评和惩罚员工，他们反而会为自己的过失找借口。人非圣贤，孰能无过，好老板要给员工改过自新的机会，包容并不代表纵容，放权并不等于弃权。好老板要给员工成长的时间和空间。

一个好企业，一个好老板，一定要懂得小事糊涂，大事认真，员工有过错，有责任，让他们自己反省，你不要过分追究，甚至需要安慰他们，给员工力量，给员工信心，给员工机会。只要员工没有给企业带来灾难的损失，老板就不需要过分追究。装糊涂的老板才是真正聪明的好老板。

一家企业的老板之所以累，没有别的原因，就是因为他不信任人，自然就没有人愿意为老板分忧解难。最后老板累死，员工玩死，企业离开。好老板要学会欣赏人，肯定人。即使有些小问题，也要多包容，提醒他们下次注意做好。千万不要把问题扩大化，否则，企业里没有员工忠心为你干活。

要发挥下属员工的聪明才智，企业老板不糊涂，也得装出几分糊涂才行。可这却不是任何人都能做到的，谁都怕被别人当成傻瓜。所以，郑板桥才说"难得糊涂"。

上司老板保留了"几分糊涂"，也就为下属员工的聪明才智的发挥，提供了几分余地和空间。项羽是因为太聪明才成为孤家寡人，最后落得自刎于乌江的悲惨结局。刘邦正是因为有"几分糊涂"，使萧何、张良、韩信、陈平等为自己人效力才有了广阔的舞台。即使领导自己智力超群，远远超出下属员工一大截，也必须保留"几分糊涂"。

在决策制定过程中，下属员工所提出的意见即使存在偏颇，也要装作不明白，按照下属员工的思路提出问题，引导下属员工进行自我思考，让他们自己修正自己的意见，找出正确的答案来。这样既能让下属员工的价值得到充分的实现，又能保证他们的意见与企业发展的目标一致。

这种难得糊涂，相对于下属员工，就是为他们提供一个发挥作用、实现自我价值的机会。下属员工不仅会因为有这种机会而毫无保留地发表自己的意见，开动脑筋思考问题，而且还会因此而增加对企业组织的忠诚和归属感，企业的凝聚力也会因此而提升。相反，企业老板和上司，如果当众揭出下属员工意见的偏颇，使下属员工失去了面子，这也就是在企业组织内部树立了一个不公开的敌人。

中国人很看重面子，让下属员工没有面子，下属员工的心也就不再会与老板贴在一起了。

因此，糊涂的老板并不糊涂，聪明的老板并不聪明！好老板一定要学会小事糊涂，大事认真。

方式 46 该罚则罚，不能有半点儿仁慈和宽容

关键词：纠错式领导·员工犯错·该罚则罚

适用情境：下属违反规章制度时，可运用此方式。

赏罚分明是管理中的一种艺术。古代军事家说："善治军者，赏罚有信。赏不避小，罚不避大。"中国军事史上，以"罚不避大"整顿军纪、振奋军心的典型事例不胜枚举，如孙武演阵斩宠姬、穰苴立表斩庄贾、周亚夫细柳严军纪、诸葛亮挥泪斩马谡等历史佳话，广为传颂。

三国时代的诸葛亮与司马懿在街亭对战，马谡自告奋勇要出兵守街亭，诸葛亮心中虽有拒心，但马谡表示愿立军令状，若失败就处死全家，诸葛亮才勉强同意他出兵，并指派王平将军随行，并交代在安置完营寨后须立刻回报，有事要与王平商量，马谡一一答应。可是军队到了街亭，马谡执意扎兵在山上，完全不听王平的建议，而且没有遵守约定将安营的阵图送回本部。等到司马懿派兵进攻街亭，围兵在山下切断粮食及水的供应，使得马谡兵败如山倒，重要据点街亭失守。事后诸葛亮为维持军纪而挥泪斩马谡，并自请处分降职三等。

纪律是一切制度的基石，组织与团队要能长久存在，其重要的维系力就是团队纪律。要建立团队纪律首要的一点是：领导者自己要身先士卒维护纪律。

"纪律可以促使一个人走上成功之路。"怡安管理顾问公司的张华博士曾说过："领导者的气势有多大，就看他纪律有多深。"一个好的领导者必定是懂得自律的人，而且也一定是可以坚持及带动团队遵守纪律的人。

对于那些违反规章制度、犯了错误的员工，则必然照章办事，该罚则罚，毫不手软，不能有半点儿的仁慈和宽容。如果赏罚不明，就不能充分调动下属的积极性，发挥他们的潜能，也不会有助于事业的发展。

有的领导者，在平日的行为上对部属的管理十分严厉，不假颜色，但在实际的行动上却可能很仁慈。例如说，当部属犯错时，面恶心善的领导者会疾言厉色，但却不会采取"恶行"，如采取减薪、解聘等惩罚手段来处罚部属。有的领导者则刚好相反。在平时，他可能会和颜悦色地解释教导他的部属，但是，当部属犯错时，他绝对是依法行事、纪律严明，不容部属有侥幸的心理。必要时，他会有如诸葛亮般地"挥泪斩马谡"，在人事的处理上毫不因循。面善心恶的领导者可以立威立信，因为部属知道长官是不讲人情只讲是非的。相对而言，面恶心善的领导者很难立威立信，因为，部属知道长官仁慈，犯了错最多被长官说说骂骂而已。哪种领导方式可以达到较好的绩效，也就不言而喻了。

做人难，做个优秀的管理人才更难。特别是担任管理职务的中层干部，往往会遇到这样一个问题，制定一些政策出来，在推行的时候却因为触及了一些人的利益而无法施展。这些人或者是比自己职位更高，或者有很多自己得罪不起的后台，他们形成的阻碍会让你进退两难。

正所谓"慈不掌兵"，领导者就应该坚持正确的原则，虽然推行的结果可能是得罪一些高层人士导致自己的职位不保，但如果你的政策推行不下去，那你的前途同样受阻。这就是我们通常所说的机会成本，它所运用的就是经济学最常用的一种理论：博弈论。其实只要你真正是客观公正地执行政策，而不是过多纠缠于自己的私利，你成功的机会还是很大的。

方式 47 给予安慰与激励，而不是责骂与嘲笑

关键词: 下属犯错·安慰鼓励·纠错方式

适用情境: 对下属进行工作疏导时，可运用此方式。

人非圣贤，孰能无过？就一些年轻员工来讲，由于其工作经验缺乏，加之性格上毛躁莽撞，所以常会犯一些错误。作为一名聪明的领导者，应该如何在犯错这个环节上对员工进行激励呢？我们先来看一个实例：

一家广告公司的策划人员在进行市场调查时将数据弄错，最终导致一整套策划方案搁浅。当时，这名员工站在主管的面前已经是面红耳赤、一言不发。主管看着他，递给他一根烟说："刚工作的时候我也十分毛躁，总是不能沉下心来去完成每件工作，所以犯错的次数比你还多数倍。可是我没有灰心丧气，为什么？因为我知道我还年轻。当然，这并不是我为自己的犯错找借口，而是要告诉自己既然失败了就要重新振作起来。错误可以犯，但是不能重复犯。吃一堑，长一智，在未来的工作中要时刻谨记这次教训，保持这种状态就能成长与成熟。"然后，这名主管拍了拍他的肩膀让他出去了。在那次的事件中，主管承担了全部责任。事后，这名员工对他感激万分，同时工作状态也较以往有了显著的提高，结果半年内这名小伙子被提升为策划经理，成为了公司内最年轻的基层干部。

这个案例告诉我们，在员工犯错时，我们应该更多地给予安慰与激励，而不是一味地责骂与嘲笑。当然，值得注意的是，不是每次都应采用这种方法，对于屡次犯同一错误的员工就应当给予适当的训斥与惩罚，敦促其改掉身上的不良习性。

其实，对于一个上司来说，最有损于自己威信的事莫过于下属不服从调遣了。这也是令人尴尬的事情。碰到这种情况，有的上司总是把责任全推给下

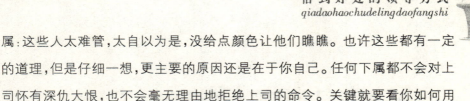

属:这些人太难管,太自以为是,没给点颜色让他们瞧瞧。也许这些都有一定的道理,但是仔细一想,更主要的原因还是在于你自己。任何下属都不会对上司怀有深仇大恨,也不会毫无理由地拒绝上司的命令。关键就要看你如何用语言——口头语言和身体语言下指令了。

一般来说,人们都愿按自己的思想行事。而机械地听命于他人,人们一般很难接受。我们在生活中都有过这样的经历:当你请求帮助时,你向对方说:"你帮我做这件事,且应该这样做。"在这种情况下,对方即使答应你,也不会心甘情愿,因为它带有明显的强迫性质。但你如果对他说:"这件事你帮我想想办法。"这时对方就会很愿意帮你了,因为他不是机械地接受你的请求,而是按照他自己的"思想"为你提供帮助。

在所有的身体语言中,最不引人注目却又最具威力的指示信号之一就是手势。上司在向下属传达指示时,往往会辅之以手势,而不同的手势会表达不同的效果。一般来说,手势有三种情况:一是掌心向上。这种手势不带任何强制性、威胁性,却对现代社会民主意识较强的人来说,具有极大的感召力。二是掌心向下。这是一种强制性的指示信号,会让人们产生抵触情绪,但是作为下属,一般也能接受,因为你的身份、地位赋予了你对这一手势的使用权。三是握紧手掌并伸出食指。这是一种威胁性的手势,不仅带有强制性,还具有威胁性。据说,警察最喜欢用这种手势。交通警察向司机这样一伸手,司机就会乖乖地将车开到路边等候训问,因为他从交警的手势中已经明白,不予理会后果会更加严重。不过,交警和司机的关系总是不能融洽,仿佛一对"冤家对头"。作为上司,如果要想使你的指示被下属心悦诚服地接受,最好多用第一种手势;如果你不想和下属成为"冤家对头",那么,最好不要使用第三种手势。

方式48 要专门去找别人忽视的地方

关键词:领导方式·小错误·易忽视

适用情境:下属爱犯小错误时可运用此方式。

古语有云"千里之堤,溃于蚁穴",就是强调要想成就伟大的事业就不要忽视微小之处。然而,环顾四周,大而化之、马马虎虎的毛病随处可见;"差不多"先生比比皆是;好像、几乎、将近、大约、应该、可能等词,已逐渐成为人们习以为常的口头禅。

实际上,就在这些词汇一再使用的同时,许多重大决策都只停留在纸上,大量重点工作只落实在表面上,致使许多宏伟目标都成了海市蜃楼。做老板的要记住一个词——"异常管理"。这是说,去管那些人家不管的事情、看不到的事情、做不到的事情、想不到的事情、说不出的事情。

做老板不能每天都签一样的字,看相同的报告,批同样的公文。而是要经常去做点例外的管理,专门去找别人忽视的地方,挑人家看不出来的毛病和弊端。如果老板只坐在办公室里,工作就无法做好。美国沃尔玛的总裁有一个习惯,在检查工作的时候,喜欢站在门口。他说,公司到底碰到什么问题,顾客对公司有什么想法,要站在门口才能发现。

我们都有过买书的经历,有时书一打开,我们可能会发现,里面有一页不知谁踩了个脚印。这对我们来讲,是个小遗憾,但对深圳雅昌印刷公司的董事长万捷来讲,这却是一个大现象。

对如此一个不惹人注意的脚印,万捷会询问:这脚印是谁踩的?为什么会踩上去?纸摆在哪里?有几张纸可能会被踩到?通常什么时候踩到?以后如何不再被踩到?光一个脚印,他就研究了很久,从纸张的储存、搬运到切割、上机,他统统都要进行研究分析。

他认为，做印刷品和搞服务是完全一样的，也要强调质量、周期、交货、价格，还要有售后服务和品质管理。

　　万捷搞印刷，注意到很多细节，比如：不会等到客户反映有几本书印得不好时才补送，每次直接多送几本；不会等别人说胶怎么脱落下来时，才研究自己的胶有什么毛病；不会等人家说彩色套印不清楚时，才研究自己的纸和印刷机有什么问题……

　　很多印刷企业有个很不好的习惯：东西印好了以后，用乱七八糟的报纸包起来，随便弄个绑带绑好。而雅昌不是这样，他们的包装纸很整洁，绑带也绑得很均匀，甚至连运输的卡车底板都擦洗得很干净，然后才把书码上去。

　　由上述细节，你就看得出来它跟一般印刷厂的区别。所以，他们的货一交出来就很完美，干干净净、整整齐齐，没有破损和短缺。

　　做到这么细心，自然赢得良好的声誉。雅昌公司于 2003 年、2005 年两次获得美国印刷大奖。这是全球印刷界最高荣誉，相当于印刷业的奥斯卡奖。

　　老板总有做不到的事情、看不到的时候，如果你是一个细心、有潜质的管理人员或下属，就要"补位"，把事情办妥，为老板解除后顾之忧。

　　美国标准石油公司里，曾有一位小职员叫阿基勃特。他在出差住旅馆时，总在自己签名的下方写上"每桶 4 美元的标准石油"字样，在书信及收据上也不例外，签了名，就一定写上那几个字。他因此被同事叫做"每桶 4 美元"，而他的真名反倒没人叫了。

　　董事长洛克菲勒知道这件事后说："竟有职员如此努力宣扬公司的品牌，我要见见他。"他邀请阿基勃特共进晚餐，后来洛克菲勒卸任，阿基勃特被任命为第二任董事长。

　　"鸟鲁木齐"的事差不多过去 10 年了，说的是新疆乌鲁木齐市某工厂到日本印塑料包装袋，不知是中方设计师的原因，还是日方操作不慎，将乌鲁木齐变成了"鸟鲁木齐"，这一变，几百万元顿时化为乌有。

　　之所以想起"鸟鲁木齐"，是曾经看到北京电视台一档节目中的报道：某本书出激光样时，工作人员失误，把企业的地区代号 DZ 和邮编代号 YZ 搞混了，结果某单位依据这本书上的名录寄出的近万封邀请函，有上千封因邮编错误而退了回来。

"乌鲁木齐"的事在当年挺轰动，一些省市的中考作文就据此而命题。可过去这么多年了，类似的马大哈的故事仍讲不完。人非圣贤，孰能无过？万无一失很难，但减少差错，使差错越来越少却是可以做到的。

"细节决定成败"、"态度决定一切"。每个领导者定期地查找、修补自身及身边的"黑洞"，管理和建设好"利润区"，这将是一个领导者取得成功的法宝。

医学专家说，一个正常人从健康状态到大病形成，大约需要 7 年的时间，这个时间段里，身体就像是一个不会说话的孩子，用各种信号来表达、呻吟、呼喊，人们往往是视而不见。同时，身体的疾病，是人们长期以往的不良习惯造成的，如：过度烟酒、过度劳累、不规律的生活等等，英年早逝的企业家，成为一种社会关注的现象。而社会上却有一部分人士很会养生，用各种科学的方法保养身体。

企业也如同身体，从兴旺到衰退，有一个时间过程，这其中，出现了许多的表象，企业领导者们如能及时管理和修补好这些"黑洞"，必将成就百年佳业。

方式 49　说话要先想后说，不该说的话则不说

关键词： 领导方式·先想后说·言辞修炼

适用情境： 当下属有破坏行为时可运用此方式。

对于被领导者，当他们在工作中感到压力的时候，领导者的不恰当的话自然就成了他们的压力源。谁愿意感受压力呢？压力是一种不安全、不舒服的感觉。而且对于来自领导者的压力，被领导者本能有一种抵抗的冲动。抵抗，是他们面对压力进行自我保护的内心愿望。抵抗的方式有很多，像推卸责任、阳奉阴违、跳槽、弄虚作假、消极怠工、假公济私、斤斤计较、你争我夺等都是被领导者抵抗的表现形式。对于被领导者的抵抗，领导者同样感到一种管理压力，于是继续施加或者增加压力。在领导者与被领导者的压力对抗中，往往形成恶性循环，时间、精力、机会、激情都被内耗掉。压力对抗中，领导者与被领导者常常是两败俱伤。

很少有领导者意识到，被领导者做出的种种破坏工作的行为，正是他们对来自领导者压力的抵抗。更让领导者难以意识到的是，领导者对自己的压力的和压力传播是盲目的。　他们认为，自己对被领导者的批评是有依据和理由充分的。发脾气，是因为被领导者的工作错误屡教不改而忍无可忍。高要求，也是为了促进被领导者进步和成长。不信任，也是因为被领导者的工作能力总是令人不放心。怀疑，也是因为被领导者不够忠诚。

是的，在我们遭遇压力的时候，我们总是容易"外怪"。也就是老百姓常说的"睡不着觉怪床歪"。即在自己以外的地方，找压力源。事实上，压力源就在我们自己。打个比方，用手电筒照射镜子，反射回来的电光，恰恰是我们照射镜子的电光。领导者感到的管理压力，恰恰是他们传播给被领导者压力的反抗。

所以，在管理过程中，领导者如果不能有效地"管理嘴巴"，他们的内心压力就会不自觉地传播给领导者。那么，作为领导的你是否管好自己的嘴巴了呢？

以下是领导者最不该说的十句话，在与下属沟通时应该加以注意：

1."不关我事"

身为领导者，只要是公司的事情，事无巨细，都有一份责任。即使是完全在职责之外，态度和蔼地给予一些指引，也能表现出自己的成熟大度和礼节。工作当中很多时候都是说者无心，听者有意，对下属说一句这样的话语很容易将自己的形象彻底颠覆，对同事说一句这样的话语会激发矛盾、产生误解，对上司说一句这样的话语可能意味着你该调整岗位了。

2."为什么你们……"

在责问别人时，想一想自己有没有什么过失，尽了多少力、多少心。有时，宽容地对待别人的错误，会使人更加振作，更加进步。用一连串的"为什么"去发难于人，得到的也可能是一连串的"为什么"的答案。反过来问：为什么我没有配合好你们？你们有什么地方需要我？也许事情会解决得更快一些。

3."上面怎样骂我，我就怎样骂你们"

作为领导者，起的是一个上传下达的桥梁作用，但绝不是一个简单的传递。对上，要忠诚尽责，完成任务；对下，要想方设法，给予激励、帮助、支持。敢于承受来自上面的压力，担负起责任，敢于缓和下级的紧张气氛，创造和谐的工作环境，才是一个领导者最应该做的事情。

4."我也没办法"

领导者的能力，从某种方面来说，是用解决问题的能力来衡量的。只会强调客观原因，不会以积极的心态去调动一切可用的资源，显露出来的肯定是无可奈何和对上级以及下属的打击。要相信办法总是比困难多，相信集体的智慧是可以攻克一切堡垒的。

5."我说不行就不行"

以自我为中心的话语，不能对事实进行合理性的解释，很难服人的。凡事不能以事实为依据，不能本着商讨的态度来解决，可能会使事态更进一步地恶化。其实即使是错的意见，听听也无妨，应该是本着有则改之、无则加勉的心态来对待自己和别人。片面地做出判断，有时就是一种武断，说不行就不行，一定要有科学的分析和依据，这样才能降低判断结果发生错误的风险，保证判断的正确性。

6."你说怎样就怎样"

听起来像是气话，又像是不负责任的话。在产生一些争议时，当一些意见没有被采纳时，这样的话脱口而出，听者会认为，你的见解毫无是处，本来还有可接受的地方，会变得全盘否认，而且从此将可能不再向你征询看法和想法了。保持冷静的头脑和清晰的思维，说出所有的想法，提供参考，并不因没有被使用而太过激动，是一个领导者良好的品质和性格。

7."我随时可以怎样"

强权气势的话语，让人听到了就有一种很不舒服的感觉，换句话来说，你以为你是谁？你想怎样就怎样，你到底有多大的能耐？以势压人，只会贬损个人的形象，在大家心中埋下抱怨的种子，这种抱怨，一旦暴发，其弹力之大，是不可想象的。所以保持平易近人，多尊重他人，是维护自己尊严的体现。

8."你真的很笨"

奚落、讽刺、挖苦员工的话语是在伤害员工自尊及感情，"哀莫大于心死"，表面上员工是在听你的，按你说的去做，但实际上员工只是在敷衍了事，因为他根本体会不到工作的乐趣，工作质量肯定不高。同时，因为奚落、讽刺、挖苦更多的是伤害员工的心灵，长期以往，员工的自尊被摧毁，自信被打击，智慧被扼杀，工作可能干得更不好，最后抱着"死猪不怕开水烫"的态度，对员工、对领导者、对企业都是不利的。

9."不行啦，我能力有限，谁行谁来做"

如果是真正认识到自己的能力有限，能够迎头赶上，自我充电，或许可以说是一种有自知之明而且有上进心的表现,也算是一大幸事。但如果是用这句话来推脱工作,来嘲笑挖苦他人,来掩饰自己内心的慌张,全无挑战工作的意识,则可以说,说这句话的领导者无形中已丧失了一个管理人最基本的素养,他已不配再做领导者了。

10."都很好"、"蛮不错"

泛泛的表扬,既缺乏诚意又不能振奋整体、激励个体,因为人人都不喜欢廉价的、言不由衷的恭维,因此表扬的言语应该是及时、有代表性、有充实具体的内容,能够体现被表扬者风貌的语言。不实的表扬表现在用夸大的言辞去称赞不足为奇的小事,有用心炮制的嫌疑,该类表扬,其危害在于只令被表扬者高兴,而令所有其他人反感。极力吹捧的行为,其结果往往导致民心的背离,因此人才管理中,及时且适度的赞美是领导者必须掌握的一门学问。

做领导要善言辞。做领导说话要先想后说,不该说则不说。说话要周到、周全、周密。不说先做到为最优,说到做到为次优,说到做不到要力戒。沉默是金,学会说不。言多必失,说话不在多,而在恰到好处。

领导言辞修炼的关键要能把握好"乐言"与"谨言"的关系:对于特定的时间、地点、对象,要多说而乐于说话;对于另一特定的时间、地点、对象,要少说而善于说话。"谨言"就是要言辞周全,一言九鼎;"乐言"就是要知无不言,言无不尽,广开言路,言论无罪过,但不胡说八道。

所以,领导人言辞修炼的最高境界,在于知乐言而止于谨言。

方式 50 严格要求下属,但不能过于挑剔

关键词:纠错式领导·严格要求·把握尺度

适用情境:为下属纠正错误时,可运用此方式。

严格要求下属是领导者的责任,作为下属来说,也希望能在领导者的严格要求下健康成长。作为领导者,你的部分工作就是让员工按正确的方法工作。这包括指出错误,告诉他们哪儿做错了。然而有的领导者,却没有把握好这种尺度,他们往往有一种喜欢批评揭露下属的癖好,对于下属的缺点他们不加以批评就不舒服。他们少有取得很大成绩或自己承担什么新任务,但他们就是爱告诉别人哪里做错了,为什么做得不对,怎样把工作干好之类,并以此为乐。但是,领导者严格要求下属也应把握好尺度,不要过于苛刻挑剔。如果要求过严过多,下属往往会无所适从,反而会使工作能力非但难以发挥,还可能出现失误。

梁某是一个大企业的部门经理,由于管理风格问题,引起了下属的不满,这些下属们越过他向更高的领导告状,这使他很苦恼。他是一个对自己要求比较苛刻的人,当然这非常有助于他的成功,但是他却将这种苛刻的要求应用到别人的身上,这自然引起了下属的不满。心理学家针对他的情况向他告诫道:"有时糟糕的不是外在的世界,而是你的内心。你总是去看那些负面的东西并把他们任意放大,这是不好的习惯。"

下属自信的确立,虽然需要自身能力素质的不断提升,但领导者能否为其提供树立自信的必要条件也是至关重要的。下属自信的缺失,表面看来是自己的问题,但深究下去,却与领导者的行为有着直接的联系,如果领导者对于下属老是不断地挖苦讽刺,显然不是一种好的行为。领导者在管理下属的过程中,只有把握好度,才能培养和维护下属的自信心,从而有助于工作的开展和企业效益的提高。

　　杨鹏是一家太阳能厂的一位基层领导，他于两年前担任公司塑料生产部生产班长，又于一年前因为业绩突出，绩效考核成绩优秀，于是公司决定将其提升到生产部担任主管。职位的提升就意味被公司所认可，杨鹏自然是兴奋异常，在上任后没有多久，杨鹏愁眉苦脸起来了，以前杨鹏做排程交给主管审核，主管总是让他自己作主，现在的直属领导却总对排程看得比较细，比较挑剔，总对排程提出很多意见，要求杨鹏重新修改多遍。这样的情况多了，杨鹏总觉得上司在不断地挑自己的毛病，对自己不满，随后与上司不断发生争吵，造成双方之间关系紧张。杨鹏在无奈之下，最后选择了辞职。

　　成功的领导者能鼓励下属，而不是批评他们。心情不好的人，一般都是爱挑剔的人，这是一种自我折磨。记住：一个总爱挑剔的人一般都不会太快乐，因为你的心里总会被不洁的东西装满。一个垃圾车外表再干净，里面也是肮脏的。多去注意光明面，你的人生自然就会摆脱那些垃圾样的东西，你也自然会得到下属们的喜欢。

方式 52 和下属一起分析犯错的原因，并找出改正的方法

关键词：下属犯错·纠错方式·寻找方法

适用情境：下属总会有犯错的时候，当面对下属的错误不知所措时可查看此方式。

战国时期的魏国曾崛起于中原，屡次打败当时的强国秦、楚和齐，称霸一时，这与魏王的知人善任、任人唯贤分不开。西门豹初次任邺令时，不懂当地风俗，推行的政策与人民相左，于是，遭到人民的反对，险些激起民变。魏王不得不罢免他的官职，但依然保持对西门豹的信任，并把责任归于自己。后来，西门豹被重新任命为邺令，他不辱使命，把邺治理成魏国最好的一个郡。

人无完人，总会有犯错的时候。一般人一定会为自己的错误感到悔恨，也会加以反省。若这时被人不管三七二十一地一味痛骂，并不是指出他们的错误，而只是将自己的怒气发泄到属下身上而已，身为主管的骂完后舒畅了，但被骂的属下却绝对不好受。那么，下属就没有反省的心情了。

因此，绝对不能对属下迁怒。身为指导者的主管如果不能控制自己的情绪，只会让属下失去斗志，双方也会失去沟通渠道。要是这样的情况不断反复发生，只会使双方陷入最糟糕的恶性循环。

当然，犯错也有很多种，有些人犯的错误的程度是主管没办法不生气，但若是没什么大不了的错误，主管正好可以将它拿来当做机会教育，让那个失败的经验成为属下学习成长的跳板，因为只有真正尝到苦头，才会深刻了解工作责任的重大。

如果在属下犯错时劈头就给一顿痛骂，只会让他们害怕出错，往后不管

做什么事都小心过度、战战兢兢。他们会想:我这样做会不会又被骂? 要是太强出头,最后失败了,一定会被主管狠刮一顿,最好不要挑战新事物,安稳地做好本职工作就行了。这样既不会失败,也不会有事没事就被主管骂……

像这样的气氛如果蔓延到整个部门,这个组织的发展就会完全停滞,变成做事全看主管的脸色,毫无成长、死气沉沉的地方。

如果属下是因为努力过度,或工作太卖力而犯错,身为主管要睁只眼闭只眼。除非是无法忽视的大过错,不过这样的错误很少发生,一般属下会犯的错,大多是可以让他们藉此获得教训、在未来成为有用人才的错误。身为领导者最应该做的,就是要让属下不害怕犯错,可以尽情发挥所长。

做下属最担心的就是做错事,特别是花了很多精力又出了错,而在这个时候,老板来了句"一切责任在我",那这个下属又会是何种心境?

在一次失败的作战计划之后,当时美国总统吉米·卡特即在电视里郑重声明:"一切责任在我。"仅仅因为上面那句话,卡特总统的支持率骤然上升了10%以上。

卡特总统的例子说明:下属对一个领导的评价,往往决定于他是否有责任感。勇于承担责任,不仅使下属有安全感,而且也会使下属进行反思,反思过后会发现自己的缺陷,从而在大家面前主动道歉,并承担责任。

老板这样做,表面上看是把责任揽在了自己身上,使自己成为受谴责的对象,实质上不过是把下属的责任提到上级领导身上,从而使问题解决起来容易一些。假如你是个中级领导,你为你的下属承担了责任,那么你的上司是否也会反思,他也有某些责任呢?一旦公司里上行下效,形成勇于承担责任的风气,便会杜绝互相推诿、上下不团结的局面,使公司有更强的凝聚力,从而更有竞争力。

尧是现有史料所载第一个敢于自己检讨自己的上古贤君:

"吾存心于千古,加志于穷民。痛万姓之罹罪,忧众生之不遂也。故一民或饥,曰:此我饥之也;一民或寒,曰:此我寒之也;一民有罪,曰:此我陷之也。"

从上面文字不难看出，尧所致力的是千古不朽的事业，其志在解救劳苦大众，因此当他看到百姓遭受灾难、生活得不称心如意时，便从心里感到难受，认为这都是他自己统治失误造成的。这种敢于承担责任的胆量奠定了尧统治时代的太平盛世，也是后人对他敬仰的主要原因。

一个缺乏责任感的人，或者一个不负责任的人，首先失去的是社会对这个人的基本认可，其次失去了别人对他的信任与尊重，最后也失去了他自身的立命之本——信誉和尊严。

在一些企业中，有少数的领导者就是在大事面前不敢做出决定，于是开始大会小会开个没完，美其名曰是集思广益，发扬民主，共同想办法、找途径，把事情决定权留给了整个部门或团队。其实这样的领导者也许他有自己的看法，事情的成败对错都能解释得通。如果决策正确，任务完成，成绩较好，就会说是自己的功劳，是自己带头做出的决策。如果事情不顺利，造成损失，就会说是大家的责任，也可以减少自己的麻烦。这样的做法一次两次，可能手下的员工感觉无所谓，但是久而久之，员工会对你失去信任，对你的人品产生质疑，对你就不会再像从前那样产生敬意。

还有少数领导者始终抱着"新官不管旧事"的态度，对原来未处理的事情一概不去管，不好的事态任其发展，最终导致不好的结果。这种不敢承担责任的表现，其实就是没有责任心的体现。这样的领导，这样的做法，怎能让员工尊重，怎能不影响整个团队的积极性。

其实，无论你做的是什么工作，只要能认真地、勇敢地担负起责任，那么所做的就是有价值的，就会获得别人的尊重。优秀的领导者和员工，会在自己的工作范围内，以自己的魅力和形象去感召和凝聚大家；或在自己的管理活动中恪守自身之责，并不断开创新局面。富有责任感是每一位员工必备的素质，公司是自己的，岗位是自己的，工作是自己的，事业是自己的，充满激情地主动承担责任和义务才是最重要的事。

人格魅力是一个人在性格、气质、能力、道德品质等方面具有的很能吸引人的力量。在今天的社会里，一个人能受到别人的欢迎、容纳，他实际上就具备了一定的人格。这种魅力是职业管理方面的一种潜在力量，有时会决定企业管理的成功与否。相对于企业的硬件设施、科学技术，这种魅力可以算作企业竞争的软实力，属于企业领导者无形的资产。这种魅力要求领导者能洞察和容忍下属的失误，能给予下属充分的信任，要有勇于决策的胆识和魄力……因为有魅力，才有了商业管理界一个个不同的神话，他们能在企业濒临灭亡的时候，挽救一切；才能辅佐弱小的公司壮大发展。

方式 52　对待"问题"员工，先"诊断"再开出"药方"

关键词：纠错式领导·抓典型·狠整治

适用情境：面对"问题"员工时可运用此方式。

很多企业都有不同程度的"问题"员工存在，这些员工分布在团队的各个层面，虽然数量不多，但对于团队领导者来说，也足够让人头疼的了，他们的存在，令领导者"如鲠在喉"，不得不拿出更多的时间来"对付"这些"问题"员工：要么是"专政"，即将这些难缠的"问题"员工给予工作"禁闭"或"淘汰出局"；要么就是"委曲求全"、"网开一面"，即对这些"问题"员工睁一只眼闭一只眼。

但以上的两种管理方式都不是理想而有效的管理方法，作为领导者，应该有责任、有义务去深入探讨这些"问题"员工所存在问题的深刻根源，从而及时做出"诊断"，开出"药方"，实施方向正确、手段和效果良好的管理模式。具体的问题类型与治疗药方如下：

心理失衡型

症状即由于对身边与自己类似的事或物的比较而产生心理的不平衡，表现出心理失常的现象。比如，有的业务员在看到原来同一级别的同事成为了自己的上司后，心中就存在不平衡心理，因此，在工作中经常给予不配合或"捣乱"，要么就是散布一些上司在某些方面不如自己的"贬损"言论等，从而成为上司眼中的"问题"员工。

药方：嫉妒之心，人皆有之。对于此类的"问题"员工，一定要能够放下架子，先与他做"哥们儿"，从而让失衡的下属找到平衡的感觉。绝不能在其面前以领导自居。只有对其"先交朋友，后做上级"，经常在公开场合对其恰如其分地给予表扬或"提及"，尤其是其不在现场时，能够传到其耳朵里效果会更好，通过这种"敬"与"疏"的方式，有时要比直接采取"堵"，即调离或"杀掉"的方式，更让人心服口服，更让人感到可亲与可敬。

习惯使然型

症状即由于个性因素造成的自身"问题"。比如，有些员工由于自身原有的习惯，平时工作作风懒散、拖拉、玩世不恭等，也是"问题"员工形成的一个主要原因。

药方：对于有恶习、但在业务上有一套的"问题"员工，作为领导者，就必须发扬"传帮带"的作风，使其远离陋习，从而使其保持与团队的节拍与步调一致。而对其主要采用的有效手段，便是动用"家法"，即制度与规范约束，当然，这需要领导者首先要"身正"，正己才能正人。通过"杀鸡儆猴"，从而起到鞭策后进及有不良习惯的员工。对于没有潜力、但又"恶贯满盈"的员工，那就需要"快刀斩乱麻"。只有这样，才能起到警示他人、净化团队的目的。

倚老卖老型

症状就是有的下级业务员由于做市场的时间较长，因此，在销售业绩非常优秀后，就开始沾沾自喜，对谁都不屑一顾，加之企业领导对其的偏爱，便不把上司放在眼里，从而也成为"问题"员工了。

药方：对于此类员工，需要慎重而为之，因为此类"问题"员工，由于"城府"往往较深,有时甚至会"牵一发而动全身",因此,需要采取一定的策略与技巧。首先,要懂得先扬后抑,即经常要通过看似表扬、实则"话中有话"的方式,给予其身份提醒;其次,通过加压驱动的方式,"拔高"其销售指标,努力让其做得更好,给其更大的挑战空间,给予更多的提升机会。最后,给其提供更大的"展示"平台,满足其表现欲。比如,利用给团队员工做培训的机会,让其现身说法,既能满足其表现欲,又表示了你对其的尊重与厚望。当然,对于敢挑战制度与规定的"业务老油条",绝不能放任自流,听之任之,而应勇敢地拿起制度的"鞭子",狠狠地给予惩戒。

压力过大型

症状 由于工作目标制定过高,或下达的指标超出员工的实际承受能力而造成他们心理负担过大,因而工作起来忧心忡忡,烦躁焦虑,思想消极,让人感觉有"问题"。

药方:对下属的期望值越高,下属的压力往往也就越大。比如,在日常销售管理当中,有时销售目标制定得过高,会导致物极必反的结果,从而让业务员产生逆反心理,而给领导者带来诸多"难题",比如,"软抵抗"、消极怠工,"破罐子破摔"等。作为好的领导者,不仅会"加压",而且还一定要能够适时给下属"解压",其方式有两点,一是授业,即传授给下属完成目标的方法、技巧、策略,提供必要的支持,从而让其更好地达成目标,借此给其缓解压力。其二是解惑,即根据其心理症结,解除其心理的困惑,让其得到精神与智慧上的支持,以此来鼓舞下属,缓解其内在的紧迫感与压力。

以牙还牙型

症状 由于误解上司"不公平"、对自己有偏见,而"积怨"颇深,在一些场合故意顶撞上司,以泄自己心头怨气等。比如有的业务员认为给自己制定的销售目标不合理,给自己提供的晋升机会少等等,对上司一直都是"横眉冷对",从而给自己戴上了"问题"员工的帽子。

药方:对于由于下属对自己的误解而造成的"问题"员工,作为领导者,一定要能够以宽广的胸怀,给予下属以宽容与包容,一定要能够以"老大哥"的身份,敞开心扉,真正倾听下属的心声,感受他们的工作与生活,从而给予他们更多的理解与支持,而不是真的"以牙还牙",对下属进行"报复"与"疯狂镇压"。作为领导者只有与下属实现了"心与心"的沟通,"问题"才能"浮"出"水面",才能使"问题"员工心理上没有问题。对"问题"员工的管理,最忌"不分青红皂白"而"一棍子打死",从而激化矛盾,也使自己作为领导者的权威一扫而光,甚至让整个团队变得"内讧"四起而最终一盘散沙。而作为一名优秀的领导者,应是一个能够及时化解团队内部矛盾、围绕"问题"寻找方法的人,不仅能够坚持原则性,更能突现灵活性。

方式 53 严惩不遵守公司规定的下属

关键词:纠错式领导·杀鸡儆猴·当严则严

适用情境:当团队成员犯错误时,可运用此方式。

孟子说"人性善",但是正如后人所批评的,孟子的这个判断不太符合实际,属于书生之见。其实人是一个复杂的动物,有时候他甚至复杂到神秘莫测的地步,很难说他到底是性善还是性恶,但是面对着机巧奸诈、尔虞我诈的这个社会环境,似乎荀子的性恶论更有市场。

"治乱世,用重典;治乱军,用严刑。"孔子诛少正卯,虽然不合情理,但权术奸诈,却因这一刀而使得权臣畏惧,市井安然;孔明于挥泪斩马谡之时说:"昔孙武所以能制胜天下者,用法明也。今四方纷争,兵交方始。若废法何以讨贼,不明正军律何以服众?"这就是平乱与治乱的权术,是杀鸡儆猴的妙用。"杀鸡儆猴"的意义就在此。在企业的管理之中,作为一个企业领导者,人们经常会遇到种种复杂的情况,有时候,属下犯的错误非常严重,你必须执行某种形式的惩罚。当你必须用到惩罚时，你就用，不要犹豫。拖得越久，对你和应该受惩罚的人来说，日子就更难过，也越容易使别人误解你的惩罚不公平。

所谓"杀鸡儆猴"，即是"杀一儆百"，有威胁恫吓之意，这是权术，是驭众手段。在意见纷纭、工作受到许多阻挠的时候，为使步骤统一，法令得以贯彻执行，非以严厉手段对付不可，此之所谓"不以霹雳手段，怎显菩萨心肠"的解释。姜太公帮助周文王灭了商纣，周朝立基之后，要罗致一批人才为国家效力。但是姜太公治理齐国的路子并不是一帆风顺，在齐国有一位贤人狂橘，很为地方上人士推重。姜太公慕名，想请他出来做事，拜访了三次，都吃了闭门羹。

姜太公忽然把他杀了，周公旦想救也来不及，问姜太公："狂橘是一位贤人，不求富贵显达，自己拙井而饮，耕田而食，正所谓隐者无累于世，为什么把他杀了？"

姜太公说："四海之内，莫非王土，率土之滨，莫非王臣。在天下大定之时，人人应为国家出力。只有两个立场，不是拥护就是反对，绝不容有犹豫或中立思想存在，以狂橘这种不合作态度，如果人人学他样，那还有什么可用之民，可纳之饷呢？所以把他杀了，目的在以儆效尤！"从此以后再也没有人敢与周朝作对了。

当然了，作为一个企业领导者，在必要的时候运用怀柔政策还是很有必要的，但是企业领导者们央惩罚时，通常要附带某种形式的纠正行动，假若你惩罚的目的只在于防患，那你应谨记主要的防患因素，而不必太过严厉。尤其是一个团体的纪律已经败坏，就更加需要杀鸡儆猴这一套了。假若你的团体纪律已在走下坡路，那你该怎么办？首先你应该使自己成为一个高标准的模范。你别指望你自己做不到，而能要求属下维持高标准的纪律。然后再找出问题，集中全力进行整顿。如果有的下属的做法实在不可容忍，在这时候你就需要下决心惩罚那些不再遵守公司规定的人。你可以采取罚薪或其他方式，到必要时你也应不惜开除人。这全看你的意思，但要注意绝对公平合理。

第八章

"善用式"领导

给猴一棵树，给虎一座山

实施人才战略的关键性问题实际上就是敢于大胆启用人才，让他们充分发挥其最大潜力，同时也让他们得到充分的磨炼。这是作为一个成功的领导者所应该优先考虑的问题。在各尽其能的用人策略中，根本就没有"扶不起的阿斗"之说，有的只是发现被隐匿的"闪光的金子"。

方式54 要善于发现人才，更要善于使用人才

关键词：知人善任·发现人才·使用人才

适用情境：当领导者为身边没有优秀人才而烦恼时可运用此方式。

企业不重视人才，不善用人才，损失最大的不是人才个人，而是企业。因为个人如果不受重用，无法施展才华，完全可以退出，以求"独善其身"，利用企业的一切便利条件，充实自己，积累学识、经验，伺机而动，时刻准备另谋高就。而企业却像花高价买了一台多功能大彩电，只会看几个频道的电视节目，浪费了电视机的其他许多项功能一样，花费不少，却未能尽其用，其结果必然是企业花费了大量财力和物力，到头来只是为别人做嫁衣。

一个员工是否以企业为家，把企业的事业当成自己的事业，其所能发挥出来的潜能和已做出的成绩是大不相同的。沉下心来做事，本来平庸的人也会努力学习，不断进步，关键时刻甚至能超水平发挥；对企业没有归宿感、随时准备另谋高就的所谓人才，其神情必定恍惚，用心必定不专，即便是本来具备很高水平，也很难得到发挥。

发自内心地尊重人才、爱护人才，与实用主义的笼络人才、利用人才，完全是两回事。在实用主义的人才政策下，人才对企业就难以产生向心力。

企业领导首先要对人才有敏锐的、全面的识别能力。人才有多种多样：有忠诚可靠之才，有多才多艺之才，有巧言善辩之才、有舞文弄墨之才、有锋芒外现之才、有深藏不露之才、有临机善变之才、有沉稳持重之才、如此等等，不一而足，岂可用一个标准去衡量？"人视之如顽石，我视之为璞玉"的情形并不少见。如果人才一个个从自己眼皮底下溜走，到别处却大放异彩，领导者的识人能力就确实有问题了。善于识别各类人才，自己才会成为一个真正的帅才。

人不可貌相,海水不可斗量。秀外而慧中当然最好,"金玉其外、败絮其中"的也不在少数。相反,面目丑陋、笨嘴拙舌,却脚踏实地、非常能干的也大有人在。找对象尚且不可以貌取人,用人才岂可只看外表?识别人才要凭感觉、凭直觉,但感觉、直觉往往是靠不住的,真正靠得住的还是理智地分析,辩证地综合。

要善于发现人才,更要善于使用人才。善用人才,除了要使人才各得其所,还要对人才有所宽容,有所扶持,有所鼓励。一句话,要爱护人才。

对人才要严格要求,但不等于苛求人才。任何人初来乍到,都是两眼一抹黑,谁能事事处置得当?领导者给新手安排工作,应当有所交待,不但扶上马,还要送一程。如果新手偶尔做错一件事,就一棍子将其永远打入冷宫,不复重用,哪里还会有人才?领导者应从爱护人才的角度出发,加以批评、纠正,不可一味苛求。有些有才者不拘小节,甚至狂放不羁,领导者更应当以宽厚之心待之,并要对其多加引导。

最后需要指出的是,尽管上门求职的人不少,然而细究起来,真正可用的人才毕竟还是少数。企业的领导者对于人才要真心爱惜,千万不能以"你这样的人,人才市场上一抓一大把"的态度待之,否则真正的人才也会以同样的态度回敬:"此处不留爷,自有留爷处。"久而久之,最后受损失的还是企业。

此外,很重要的一点是,我们要区分"潜人才"与"显人才"的差别,尤其要增加对前者的重视程度。"潜人才"是相对于"显人才"而言的。显人才通常具有明显的外现才能特征,而潜人才则相反,他是指不为人所知、暗藏锋芒、厚积薄发的人才。换句话说,潜人才是潜在的、尚未得到社会承认的人才。有人指出潜人才有三种存在状态:一是被压抑或被埋没着的人才;二是尚未被发现的人才;三是极具人才潜质、大有希望成为人才或即将成为人才的人。这三种被暂时掩蔽的"潜人才"若运用适当,常常会成为出奇制胜的"奇兵"。

领导者要在竞争中发现潜人才。通过竞争,让潜人才脱颖而出。要重视实践锻炼,积极探索多种方式和多种途径,有计划、有组织地引导和安排他们在实践中经风雨、见世面，开辟多种渠道，让他们在矛盾集中、环境艰苦的地方接受磨炼，放手让他们在实践磨炼中显示自身的潜在才能。要辩证地看待他们在实践中暴露出来的问题，看主流、看本质、看潜质、看发展，不能求全责备；尊重特点，包容个性，不能用固定的模式来衡量；容人之短，用人所长，允许失误，为他们能力的发挥创造宽松的环境。下面是一个关于"潜人才"因压抑而转为他用的典型事例。

有个叫田饶的人，在鲁哀公身边做事已经好几年了，可是鲁哀公并不了解田饶的远大志向，对待田饶总是平平淡淡的。因此，田饶的才智得不到施展，他决意离开鲁哀公到别国去。

一天，田饶对鲁哀公说："我打算离开您，像鸿雁那样远走高飞。"

鲁哀公不明白田饶的意思，问道："你在这里不是很好吗？为什么要走呢？"

田饶说："大王，您经常见到的那雄鸡！您看它头上戴着大红的鸡冠，非常文雅；它双脚长有锋利的爪子，十分英武；它面对敌人时毫不畏惧，敢斗敢拼，格外勇敢；它看见食物时总是'咯咯'叫着招呼同伴们一起来享用，特别仁义；它还忠于职守，早起报时从不误事，极其守信。尽管雄鸡有着这么多长处，可是大王还是漫不经心地吩咐把它煮了吃掉。这是什么原因呢？"

"这是因为雄鸡经常在您身边，您每天见惯了它，习以为常，它的光彩在大王眼里便黯然失色，大王感觉不到它的那些杰出的优点与才能。而那鸿雁，从千里之外飞来，落在大王的水池边，它啄吃大王池中的鱼鳖；落在大王的田园里，毁坏大王的庄稼。鸿雁尽管没有雄鸡的那些长处，可是大王依然很器重鸿雁。这又是为什么呢？"

"因为鸿雁是从遥远的地方来的，大王对它怀有一种神奇感，它的一切作为，大王都认为是非常伟大的。所以，请大王让我也像鸿雁一样远走高飞吧。"

鲁哀公说："请你别走，我愿意把你说的这些话都记下来。"

田饶说："您认为我平淡无奇，并不觉得留下我有什么大用，即使写下我的话,也不起什么作用。"

于是田饶就离开鲁国前往燕国去了。

燕王让田饶做了相国,田饶从此有了机会施展自己治国安邦的本领。

三年以后,田饶把燕国治理得井井有条,国内富足安定,边境平安没有盗贼。

田饶名声大振,燕王也十分得意。

鲁哀公知道了这些情况后,万分感叹,对当年没能留下田饶真是后悔莫及。为此,他一个人独居三个月,深刻反省;又降低自己的衣食标准,以示自责。

鲁哀公发自内心地慨叹道:"以前由于不能知人善任,才使得田饶离我而去,以至于造成了今天的悔恨。真希望田饶能再回到我身边,可是,我知道已经很难了。"

鲁哀公为什么会后悔?悔就悔在田饶在他身边的时候没有给田饶提供施展才能的机会,悔就悔在田饶在他身边的时候没有给田饶很好的定位。虽然后来他独居三个月,深刻反省;又降低自己的衣食标准,以示自责,可是这又有什么作用呢?悔之晚也!但是,他为我们后人做了一件有用的事情,那就是:他给了我们借鉴,告诉了我们:要珍惜自己身边有才能的人!

方式55 发现新下属的闪光点并加以重用

关键词：知人善用·重用·闪光点

适用情境：巩固自己的领导地位，不断发展新职员时可运用此方式。

"让新手入模子"是企业管理的重要内容。对新职员的态度体现了一个企业的文化建设水平。领导者应如何对待新职员？老职员怎样对待新职员？这些都是一个企业要精心处理好的重要问题。

领导者对新职员要关心与提携。企业领导关心提携新职员，主要在于做好两方面工作：其一，领导者要身体力行、做好表率，这是使新职员能迅速融入团队的需要。领导者的关怀能产生积极的力量，使新职员能够训练有素，迅速跟上企业前进的节拍，为企业效力，同时也体现了领导者的人格魅力和以人为本的思想。领导者的关怀能赢得新职员的由衷爱戴与感激，也为构建良好的上下级关系奠定了坚实的基础。其二，领导者要树立一种协助关心新职员的企业文化。要注重对内部职员最到位的思想动员，强化"助弱扶新"的思想意识，并使之成为一种自觉的行为，这也就扫除了新老职员间排斥与离间的根源，构建了和谐友好的团队关系，成为企业发展的力量源泉。

老职员对新职员要帮助。老职员真诚地帮助新职员，这不仅是顺应企业管理的要求，也是个人发展所必需。正如埃·伯德所言："聪明人都明白这样一个真理——帮助自己的唯一方法就是去帮助别人。"新职员凭借自身努力，经过一段时间的磨合之后最终会步入轨道，甚至变成"行家里手"。而老职员的帮助只是在一定程度上缩短了新手磨合的时间，却无法改变其发展趋势。如果老职员没有对新手予以真诚的帮助，那么当新手水平超出老职员或者与之"平起平坐"之时，再回顾以往情景，难免不对老职员心存芥蒂，甚至可能会

"以牙还牙"。这对老职员而言，"种因得果"便是在所难逃。

松下是世界50大公司之一，作为世界性大企业，它的电器产品遍布世界各地，使它世界闻名的原因就在于，松下善于培养人才、善于用人、敢于用人的做法，使它获得了空前的成功。

松下电器长期以来人才培育的实施方针之一就是实习，目的是通过体验培养实力。任何丰富的知识，任何高深的学问，若是将之收藏在脑子里，并不能发挥真实的力量。松下幸之助认为，好比盐的咸度，如果只用语言表达，是无法令人知道其真实咸度的，除非叫人亲自去品尝，实际去体验，否则，不能说这个人已经知道盐的咸度。实习和这个道理一样。

借用医学上的一个术语来说，松下电器的经营活动相当于临床医学，而不是基础医学。在这个意义上说，从事经营活动的人都必须是有实际工作经验的"临床医生"。

对待新职员，松下公司的做法是组织他们到生产销售第一线去"临床"实习，积累了实际经验，才能在以后的工作中获得成功。松下电器公司每年都要招收一批新职员。这些职员到公司后，第一件事就是到生产销售的第一线去实习，或在工厂当工人，或在商店当售货员。当然，这种做法是在公司大规模发展起来之后形成的。在松下电器，从事研究和设计的技术人员，都要亲手从事最简单、最平凡的诸如拧螺丝一类的工作。制定销售计划的人，也都是每日每时工作在柜台旁、对销售情况了如指掌的人。

总之，实现新人培训的使命，不仅在常规说教之间，而且要内延和外伸到新员工入职后与新环境发展接触的各个环节，注意好每个小细节，体现更人性的关怀，能够帮助员工建立对新工作的归属感和积极性，为成就卓越表现做好前期工作。具体来说，企业在对新员工进行培训时，应该科学地设计训练课程。

方式 56 容下属之短，用下属之长

关键词：知人善用式领导·容人之短·用人之长

适用情境：为如何选用人才而烦恼时可查看此方式。

在结交朋友与用人方面，不应计其短，而须单看其长。清末著名红顶商人胡雪岩就向来认为，一个人若有一技之长，即使其他的小毛病不断，也有用的必要，也可以结为朋友，并为己所用。因为人不可能是十全十美的，如果用求全责备的态度来要求每个人，那么未免过于苛刻，在现实中也不容易实现。同时胡雪岩更看重的一点是，这个人是否有决心、有毅力。有决心、有毅力，就是长处，就可以视为人才。人只要有恒心、意志，就没有改不掉的毛病。而要做到能够用人之长就必须对于身边每个人的性格脾气，都了然于胸；对于身边每个人的才干，都清楚明白。只要做到这些，在选用人员时，你心中才会有十分的把握。胡雪岩就做到了，他改造赌徒刘不才的事例已广为传颂。

刘不才原来是一个嗜赌如命的赌棍。他每天不务正业，经常通宵达旦地豪赌，父母遗留下来的殷实家产，也被他的骰子丢没了。胡雪岩对他并没有深恶痛绝，在收服他之前，就已经拿定主意让他充当一名特殊的"清客"角色，专门培养他和社会上层的达官阔少们打交道。在胡雪岩的不断督促下，刘不才不仅改掉了许多恶习，而且不负所望，运用自己坚实的应酬技巧，为胡雪岩赢得了很多朋友，也为胡雪岩的事业发展打下了坚实的基础。

此类的事例在国外历史中也比比皆是。

美国南北战争时期，林肯曾选用过三四位将领，标准是无重大过错，结果都被南方将领击败。林肯接受这一教训后，决意起用嗜酒贪杯的格兰特担任总司令。当时有人极力劝阻。林肯却说："如果我知道他喜欢什么酒，我倒应该

送他几桶,让大家共享。"林肯总统并不是不知道酗酒可能误事,但他更知道在北军的将领中,只有格兰特将军能够运筹帷幄,决胜千里。后来的事实证明了格兰特将军的临危受命,正是南北战争的转折点。这也说明了林肯的用人政策,是求其人能发挥所长,而不求其人是个"完人"。

每个人的长处和才能各属特定类型,有的擅长分析,有的擅长综合,有的擅长技术,有的擅长管理,有的精通财务,有的善于交际。特定类型的才能应与特定的工作性质相适应,工作对人的要求不同,才能与职务应该相称。给予他的职务应最能刺激他发挥自己的优势。职务以其所能和工作所需结合而授,叫"职以能授",这样,既不勉为其难,也不无所事事。扬其所能,其工作自然积极,管理效能也必然提高。

当然,用人所长,并不是对人的短处视而不见,更不是任其发展,而是应做具体分析、具体对待。有些人的短处,说是缺点并非完全确切,因为它天然就是和某些长处相伴而生的,它是长处的一个侧面。这类"短处"不能简单地用"减去"消除,只能暂时避开,而关键还在于怎么用它。用得得当,"短"亦即长。克雷洛夫有一段寓言说,某人要刮胡子,却怕剃刀锋利,搜集了一批钝剃刀,结果问题一点也解决不了。

领导者不仅要熟悉下属的长处,而且还应帮助下属认识自己的长处,使其认识到自己的优势,从而对自己的工作充满信心。领导者应该经常向被领导者提出这样的问题:为了更大地发挥你的作用,你还需要我做些什么?

这个世界上任何东西都有它的用处,只是用处大小方式不一罢了。作为万物灵长的人,自然也不例外。即使是再无能的下属,只要遇上一个会用人的上司,同样也能发挥他的长处,这正是一个成功创业者发挥下属所长为自己创造价值的智慧。关于用人,胡雪岩曾有一段非常精彩的概括:"眼光要好,人要靠得住,薪水不妨多送,一分钱一分货,用人也是一样。"

"人非圣贤,孰能无过",因此,要用人之长就必须能容人之短。当我们欣赏胡雪岩一生在商场创下的无数业绩时,不能不注意到他手中的济济人才,而这些能干的人才之中,许多都统统是别人眼中的"败家子"。胡氏的高明在于他能"用人之长,容人之短,不求完人,但求能人",这一点是值得我们深思的。

从延揽人才的目标来看,当然最好是能够吸纳像胡雪岩所说的"眼光手腕两俱到家"的全面人才而用之。腿脚勤快,办事扎实,交代的事情可以为你很稳妥地办好的帮手好找,而不仅能够稳妥地办事,而且能够创造性地办事的将才难求。一个希望有大作为的生意人,在识别人才时,眼睛当然要"盯"在这样的人才身上,一旦遇到,便要不惜代价,使其乐为己用。

然而,"金无足赤,人无完人",生活中也确实很难有各方面都强的全能人才。有魄力的人,可能粗枝大叶;心细的人,可能手面放不开;老实肯干的人,脑袋瓜子可能不灵活,算盘珠子似的拨一下动一下;而脑袋瓜子灵活的人,又可能偷巧卖乖,办起事来让人不放心,甚至于有一些人有特殊的本领,但在其他方面却完全一无是处。

在择人任势上,白璧无瑕、文武全才者固然是最为理想的人选,但现实生活中往往会出现鱼和熊掌不可兼得的情况。这个时候,到底用"有瑕玉"还是"无瑕石",就看用人者的眼光了。

能不为世俗的成见所拘束,吸纳形形色色的各种人才为我所用,这样才能人才济济。有了人才,事业才能发展。而且,在延揽人才的时候,特别要注意那些遭人非议的人,因为"木秀于林,风必摧之;行出于众,人必非之",越是某方面才能出众的人,其他方面的弱点就越容易被人攻击。

国际著名管理专家杜拉克说过:"倘若所用的人没有短处,其结果至多只是一个平平凡凡的现职",所谓"样样都可以",其实必然是一无高处。有高山必有深谷,谁也不可能十项全能,才干越高的人,其缺点往往越明显。

在管理中,常常碰到一些令人左右为难的事。比如当一个职位出现空缺,需要物色一个理想的人选时,只因不能容人之短而扼杀了人的特定才能,最后的结果必定是平庸的人当选。在这种情况下,我们就应该学习胡雪岩的做

法,不拘一格,大胆起用人才。

总之,我们不能因为一个人的小缺点而舍弃他的大优点,这也是一些君主或领导者之所以失去贤士的原因。人本来就难做到十全十美,应当权衡优劣,容其所短,但要用其所长。

方式57 用下属就要信任他

关键词:知人善用·用人不疑·信任

适用情境:领导者对自己所用人才持怀疑态度时可运用此方式。

用人不疑,疑人不用。任用他就要信任他。在这方面,东汉的开国皇帝刘秀做了一个好榜样。

东汉初期的大将冯异是一位权高位重、功高震主的开国功臣,刘秀建立东汉以后派他率大军镇守西北,以摒护京畿地区。冯异对自己久握兵权,远离朝廷感到不安,担心被刘秀猜忌,于是一再上书,请求回到洛阳。刘秀对冯异的确也不大放心,可西北地区却又离不开冯异。为了解除冯异的顾虑,刘秀便把宋嵩告发他的密信送给冯异。这一招的确高明,既表明了对冯异深信不疑,又暗示了朝廷早有戒备。恩威并用,使冯异连忙上书自表忠心。刘秀这才回书道:"将军之于我,从公义上讲是君臣,从私恩上讲如父子,我还会对你猜忌吗? 你又何必担心呢? "

说是不疑,其实还是疑的,有哪一个君主会对臣下真的信任不疑呢? 尤其像冯异这样位高权重的大臣,更是国君怀疑的重点人物,他们对告密信的处理,只是做出一种姿态,表示不疑罢了,而真正的目的,还是给大臣一个暗示:

我已经注视着你了，你不要轻举妄动。既是拉拢，又是震慑，一箭双雕，手腕可谓高明。

无论管理与经营，凡是不可信任者，都不能用；凡是可用的，就不能不疑。"疑人不用、用人不疑"，历来被人们视为用人的信条。只有信任，才能让你的下属独立自主地行使职权；你的下属只有有了独立自主的地位，方可充分发挥其各种才能；只有信任，才能赢得人才，使其忠心不渝地献身事业。而有时不得不采取的"用人也疑"，"疑人亦用"的策略，目的却也是与"疑人不用，用人不疑"一致的，有着殊途同归的意义。"用人不疑，疑人不用"是用人的原则，"用人也疑"、"疑人亦用"是用人的策略，其目的就是为了更好地监督、爱护人才，不断地提升人才的素质，保证人才发挥出更大的能量。

在践行"用人不疑，疑人不用"之道时，我们应该时刻认识到：信任是最好的润滑剂。信任有才能的下属，通过有效授权使其大展其志，最后的效果肯定是"双赢"。

彭渤是一家著名 IT 公司的总监。从普通员工一路做到部门经理，再到技术总监，个性温和、从小没经历过人际交往困扰的彭渤，和下属的相处一直都很融洽。他坦言，"其实，也没有什么技巧，就是真诚待人，用人不疑。"

彭渤大学刚毕业做下属时，正值 IT 业蓬勃发展的时期。"我们那时做了很多连上司也没有接触过的事，所以在技术上，上司很信任也很依赖下属。"随着一批批的年轻人进入公司，彭渤这批人逐渐担当起了更重的责任，成为项目经理、部门经理。而如今，很多年轻人初入职场时常会抱怨被上司"训斥"等等，这在彭渤看来，其实可以理解。他认为，这并非是上司或下属的错，在一定程度上说明企业文化不健全。"对于刚入职的人来说，任务艰巨，没有做好充分的心理准备，企业没有良好的导师机制，上司对下属的指责多半是因为对其工作能力不满意所致。"他分析道。

如今，身为公司的副总和技术总监，他的团队中也不乏 80 后的独生子女。人们都说 80 后的人任性，不好管理，彭渤却没此感觉。对于团队的信心，其实与他当初对团队的组建密切相关。对适用人员的选拔从招聘这一关就开始了。在招聘时，彭渤严格把关，除了技术过关外，性格、谈吐、责任感成了非常重要的胜出因素。到了工作岗位，彭渤会经常和下属谈心，一方面从公司的立场来要求下属，另一方面，也关注下属个人职业生涯的发展。"每个人在职场中都是过客，要培养下属职业生涯的生存能力。"彭渤恳切地说。"需要有环境使他们认识到自己对公司、同事和领导的承诺。关键是大家相互信任，彼此明了都是为了工作。本着真心去待人，很多事业就迎刃而解了。"

用人要坚持诚信任用的原则，做到用人不疑、疑人不用、信者必用、用者必信。让他们充分行使职权，大胆委以重用，对他们敢于放权力、压担子，充分发挥他们的潜力。

放手使用、用而不疑，是胡雪岩用人的一个重要原则。除了那些关系生意前途的重大决策外，在一些具体的生意事务的运作上，胡雪岩总是让手下人去干，决不随意干预。

有一年，胡庆余堂负责进货的"阿二"(助理)到东北采购药材。他回来后，药号阿大"(经理)见人参质次价高，就埋怨他不会办事。阿二以边境有战事之故据理力争，两人一直吵到胡雪岩处。胡雪岩细察详情后，留他们吃饭，并特别向阿二敬酒，感谢他万里奔波，在困难时期采购到大量紧俏药品。饭后，胡雪岩吩咐阿大："古人云，将在外，军令有所不受。商事如同战事，应当用人不疑。以后凡采购的价格、数量和质量，就由阿二负责，我们就叫阿二为'进货阿大'。"从此两位阿大各司其职，把生意做得红红火火。

"用人不疑，疑人不用"的典型故事，应该来自于三国，最出色的表现者是刘备，他"弘毅宽厚，知人善任"，从不怀疑忠心耿耿的部下，刘、关、张、赵、诸葛几乎一起谱写了天下亘古传奇。因而，刘备的家业号称是亲情凝聚的典范。关羽，可以放弃一切厚禄，过五关、斩六将，历尽苦难回到刘备的穷困旗下；张飞，可以腥风血雨先打下一块小地盘，等着刘备来做主当家；赵云，可以冒生命危险，抢救刘备的儿子，保护刘备的家人；诸葛亮，受刘备临终重托，"鞠躬尽瘁、死而后已"。刘备管理的基石就是信任感重于亲族。

方式58 把下属的短处变成长处来用

关键词：领导方式·知人善用·合理利用短处

适用情境：只看到下属的短处，无法任用他时，可运用此方式。

胡雪岩身边的许多人，在别人眼中都是"败家子"，但他们在胡的手下，一个个都是具有特殊作用的不可多得的人才。这正是胡雪岩"用人之长，容人之短，不求完人，但求能人"用人观的最好的体现。

陈世龙原是一个整天混迹于赌场的"混混"，胡雪岩却把他带在身边。胡雪岩看到了他的长处：一是这小子灵活，与人结交从不露怯，打得开场面；二是这小子不吃里扒外，不出卖朋友；三是这小子说话算数，有血性。胡雪岩从这个人身上发现了这些优点，才将他调教成了为自己经商跑江湖的得力助手。

扬长避短是用人的基本方略。然而，在现实生活中，人的长处和短处并不是绝对的，没有静止不变的长，也没有一成不变的短。在不同的情景和条件下，长与短都会向自己的对立面转化，长的可以变短，短的可以变长。这种长与短互换的规律，是长短辩证关系中最容易被人忽视的一部分。用人的关键并不在于用这个人而不用那个人，而在于怎样使自己的每个下属都能在最适当的位置上发挥最大的潜能。因此，一个开明的领导者应学会容忍下属的缺点，同时积极发掘他们的优点，尝试用他们的长处弥补他们的短处，使每个人都能发挥专长。有人性格倔强，固执己见，但他同时颇有主见，不会随波逐流、轻易附和别人的意见；有人办事缓慢，手里不出活，但他同时往往办事有条有理,踏实细致;有人性格不合群,经常我行我素,但他同时可能有诸多发明创造,甚至硕果累累。领导者的高明之处,就在于短中见长,善用其短。

现代企业中,善用人短的企业家也大有人在。

松下电器公司副总经理中尾哲二郎就是松下先生善用人短的例证:中尾原来是由松下公司下属的一个承包厂雇用来的。一次,承包厂的老板对前去视察的松下幸之助说:"这个家伙没用,尽发牢骚,我们这儿的工作,他一样也看不上眼,而且尽讲些怪话。"松下觉得像中尾这样的人,只要给他换个合适的环境,采取适当的使用方式,爱发牢骚爱挑剔的毛病有可能变成敢于坚持原则、勇于创新的优点,于是他当场就向这位老板表示,愿让中尾进松下公司。中尾进入松下公司后,在松下幸之助的任用下,果然使弱点变成了优点,短处转化为长处,表现出旺盛的创造力,成为松下公司中出类拔萃的人才。听说我国南方有这样一位厂长,他让爱吹毛求疵的人去当产品质量管理员;让谨小慎微的人去当安全生产监督员;让一些斤斤计较的人去参加财务管理;让爱道听途说、传播小道消息的人去当信息员;让性情急躁、争强好胜的人去当青年突击队长……结果,这个工厂变消极因素为积极因素,大家各司其职,各尽其力,工厂效益成倍增长。

金无足赤,人无完人。任何人有其长处,就必有其短处。人的长处固然值得发扬,而从人的短处中挖掘出长处,由善用人长发展到善用人短,这是用人的最高境界。长短互换的规律告诉我们,任何时候对任何一个人都不要僵化地看待,不要静止地看待一个人的长处和短处,要积极地创造使短处变长处的条件,同时也要防止长处变短处的情况发生。

此外,领导要做到将善用人之长与善用人之短相统筹起来。善于使用别人的短处,这首先是一种态度,其次是一种能力,是一种方法,需要积极地去通过提高自身素质来实现"使用别人的短处",达到人的"短处"得到"长用"的目的。

美国有位叫波特的女专家,她善用、巧用人之缺点,从而使她的领导和管理系统化、科学化。她曾请一位心理学家和一位社会学家对其手下的员工进行调查。社会学家的调查结果是：这儿的人有两大类，一类是线性思维的人，他们直来直去，领导叫干什么就干什么；一类是系统思维的人，他们能全面地看问题，很快就能抓住问题的要害，并采取行动。而心理学家的调查结果是：一类是热情的人，一类是吹毛求疵的人。波特夫人综合后，做出了这样的人事安排：让线性思维而又热情的人，去做技术培训人员，因为他们乐于教书，诲人不倦；让线性思维而又爱挑毛病的人，请他们去当警察、保安，因为他们爱管闲事；让系统思维而又热情的人，请他们当领导、顾问，他们一定能高瞻远瞩而又埋头苦干；让系统思维而又爱挑毛病的人，请他们去做工头，谁干得好坏，都不会瞒过他们。这样安排，就做到了各得其所，扬长避短。

领导的重要职责之一是用人。用人的高超之处，不仅仅在于善于用人之长，更在于巧用人之短，因为"金无足赤，人无完人"。领导怎样才能做到善于用人之短呢？

1. 要正确认识下属的优缺点

中医使用的草药都是草。在一般人看来不值分文的草，在专业人员的眼中却是能治病救人的宝贝。俗话说："不懂是草，懂了是宝。"识人用人也同此理。只有做到知人，才能做到善任，不知人，便不能善用人。知人是用人的前提和基础。作为领导，必须对下属进行全面、客观的了解，正确看待和分析下属的缺点和不足，既要知其长，用其所长，也要知其短，避其所短，巧用其短。对于下属的缺点和毛病，不能一概而论，更不能把缺点和毛病看成是一成不变的东西，必须辩证地、客观地、科学地看待和分析下属的缺点和毛病，如果换一种场合，可能就会变成优点和长处。而这里的关键在于领导是否有能力使下属缺点和毛病放在该放的地方。领导要树立人人都是人才的意识，做到人尽其才，才尽其用，善于调动各种积极因素，特别是要善于化消极因素为积极因素，从而产生巨大的合力，推动自己的事业向前发展。

2. 要有用人的胆量

作为领导,都愿意使用"完人",因为使用"完人"不用担风险。作为领导都愿意用人之长,用人所长是常规的用人之道,也是无可厚非的。善于用人之短的领导并不多见。有些领导根本看不到有些人的缺点和毛病还有积极的、可利用的一面,而是以僵化的形而上学的思维方式看待某些人的缺点和毛病,把人的缺点和毛病看成是一成不变的,是没有任何利用价值的。用人之勇气,它要求领导者要敢于冲破各种传统观念和世俗偏见的重重束缚和压力,重用那些在一般人看来有缺点和毛病的人。有缺点和短处的人,普遍不被领导喜欢。如果对于有缺点和不足的下属不能妥善安排,正确使用,就会使他们成为自己的对立面,这样是不利于事业的发展的。许多领导正是因为善于使用人的缺点和短处而取得了成功,而许多领导正是由于不善于用人之短,而失去了本来可以得到的支持和力量。

3.要有用人之短的技巧

用人之短,不仅需要有胆,更要有识。有识就是要对缺点和毛病进行分析,区分出哪些缺点是可以转化为优势的,放在哪里才能转化为优势。如果缺乏科学分析,势必造成盲目性,结果会适得其反、事与愿违。员工有性格、气质、工作方式方法上的缺点和不足,只要使用得当,通常是可以转化为优点和长处的。不论是急性子,还是慢性子,只要放在适当位置,都可以发挥其作用,如果放错了位置,便产生岗位与人的不适应。如果将喜欢挑毛病、吹毛求疵的人派去当质检员,他一定会严格把关,增强产品的合格率;把争强好胜之人派去抓生产任务,他一定会努力超额完成任务,以免被人看笑话;对于墨守成规、谨小慎微、不善创新之人,最好安排他们从事规范性的工作。这样就会各得其所,事半功倍了。

方式59 以才为本,量才用人

关键词:量才用人·大材小用·小材大用

适用情境:常常出现"大材小用"或"小材大用"等不合理用人现象时,可运用此方式。

我们常叹息:"人到用时方恨少,待到用时用不了。"那是用人之计不精。而"用金银总有尽时,用人才坐拥天下",则是效率的最佳写照。

"用"人就是管理。而管理是一种文化,需要思维、智慧、谋略、技巧、情感,即领导者要把自己的管理理念、价值观念、行为方式、情感趋向等文化要素整合到日常管理中去。这就需要领导者善于"管"和"理","管"是次要的,"理"是必须的。"理"就是要求领导者讲"理",在要求别人"理"之前讲"理"。"理"其实就是要求领导者要懂行业"规矩",讲究用人艺术,即要"以才为本",善于知人善任,量才用人。

春秋战国时代的孟尝君,养食客3000人,人家就跟他讲,孟大爷,你怎么养了3000个吃饭的人? 孟尝君说会有用的。

有一次孟尝君得罪了国君,那个国君要杀他。这时孟尝君想要趁夜逃出去,可是这时城门是关牢的。那时没有发明闹钟啊! 他们是听鸡叫才开城门的。怎么办呢?他急得满头大汗,结果孟尝君手下有个人,他说他会学鸡叫。他来到城门口附近,"咯:地学鸡叫了一声这个城门就开了,孟尝君就跟手下冲出去了。养了个会学鸡叫的食客,没想到有用了。

量才而用,就是根据人的德与才,把他放置到与其相适应的岗位上去,明确其责,授予其权,以充分发挥其智慧和能力。

B君是一位投资公司的资深经理人,他的观点是"我不会让'不可能完成的任务'发生"。B君一向很重视与老板的沟通:"由于我们投资的行业普遍是高新技术和未来技术,一个投资项目可能至少要一年才能见到效益。因此,我不会被动地接受老板的任务。老板对于我们各个投资部,也只是会限定投资额及投资回报率。但是在确定这些具体任务指标之前,我一定会与老板进行沟通。事实上这是一个不断沟通、然后争取达成共识的博弈过程。"

在B君看来,对于老板布置下来的任务,尤其刚性的指标一定要考虑可执行度。如果你无法承担,一定要当面和老板提出来,用数据与事实说明你的理由,并且阐明你可以实现的最好业绩和最保守的业绩。因为毕竟老板要用这个指标来衡量你的业绩,除非老板抱着"你做不做吧,不做就走人"的态度,否则都有回旋的余地。但如果你能完成这个目标,你再讨价还价,老板自然会对你的工作态度产生怀疑。

再有,如果你一旦接受了任务,无论在实施中,遇到何种困难,想再讨价还价,无论如何都行不通。因为上司会认为你是工作能力差或者做事不稳妥。

因此,作为非常职业化的经理人,老板只要等待你的好结果就是了。

在实际工作中,有时看似不难实现的目标,却常在执行中遇到问题,此时既然你已接受了任务,就要全力以赴想办法去解决,因为已没有任何借口。

员工在工作中产生了怨气,一般不会是因为什么具体的人或事,而是由于分配不公平所致。比如:任务量的不公平,薪水收入的不公平,以及工作难度的不公平等。如果老板能很好地与员工沟通,让每个人都在公平的环境中去工作,大家自然会把精力放在业绩上,而非抱怨。

"短者持矛戟,长者持弓弩,强者持旌旗,勇者持金鼓,弱者给厮养,智者为谋主"。一般来说,大才小用不好,小才大用也不好;让一般的士兵去指挥全局战争不好,让将军扛炮弹也不行。什么样的材用于什么建筑部位上去。但人的才与物的材不一样,人的才是可锤炼的,是可以长进的。有句话叫重担压快步,好鼓不怕重捶敲,说的就是这个道理。当然,假如给使用者压的担子过重了,敲鼓敲得过响了,超过了他可以承受的能力那也是不行的。

第九章

"授权式"领导

将权力授给能够胜任工作的人

　　授权对于领导者来说，不是"能不能"的问题，而是"愿不愿"和"会不会"的问题。授权绝不是简单地把工作指派给员工，授权是一门艺术，一门成功领导者必须掌握的艺术。

方式 60 放手让下属去干，不要事必躬亲

关键词：授权·放手·无为而治

适用情境：当不能把权合理授予下属时，可运用此方式。

"无为而治"是道家的政治哲学，主要是说统治者应尽量克制欲望，不要劳民扰民，对政事少干预，顺其自然，垂拱而治，这样做就会收到"无为而无不为"的效果，使社会得到大治。后来，他们进一步把这一原则用在处理君臣关系方面，于是便发展成一套颇具特色的帝王权术学。

用现代管理学的语言来诠释"无为而治"的含义，它是组织中一种至高的管理艺术，在此种管理艺术的指导下，领导者通过合理授权，组织成员无论其职位的高低和职务的差异，都能充分发挥其潜能和智慧，成员的自由和尊严得到充分的尊重，成员的个人意愿能与组织的目标一致，从而达到一种既能实现成员个人需求又能实现组织目标的和谐状态。

在现实生活中，大凡优秀领导者在实施管理策略的时候，无一不是对"人"本身的特点进行充分研究的。对于那些被领导者，一定要给予他们充分的自由和权力，这样在工作的时候才不至于缩手缩脚，事事向上级请示。工作如果放不开，不但个人能力得不到充分发挥而郁闷，而且还会影响工作的整体效率。

但并非每位高层领导都懂得给部属充分放权的道理，他们常常在某些方面管得过多过细，甚至不该管的地方也颐指气使，以致大大挫伤了员工的积极性。

有的领导者的心胸太小，他只把自己当人看，其他的外人他都不信赖。不

仅对员工的能力不放心，而且对他们的人品也不放心。所以大事小事他都是自己在忙。结果呢，老板的工作越忙，整个企业的工作效益越低。因此一家企业能不能做强、做大，跟领导者的做事风格有很大的关系。

尊重人性，尊重人的价值和尊严，这是任何一个时代的领导者、任何一项管理工作都应充分考虑的问题。在人的主体地位不断得到提升的今天，尊重人性更是管理工作的基础和前提。而在这一方面，道家"无为而治"的管理理念对我们是有启发的。这一理念告诉我们，管理工作不可违背人的自然本性，不能无限制地榨取民力。这一理念要求领导者在把握宏观原则的前提下，放权给部下，充分信任他们，尊重他们的积极性、主动性和创造性。

奇美实业董事长许文龙就深谙无为而治的管理之道，他一手创立的奇美实业，不但已是全球最大的 ABS 制造厂，而且还被视为全球最有竞争力的企业之一。

奇美没有管理部门，决策都以口头交办，董事长每周只上两天班且无专属办公室，开会像聊天话家常，10 年前即已全面实施双休日，然而它的经营业绩和获利能力，却令那些管理制度规章都十分严谨、周密、完备的企业惊叹不已，望尘莫及。许文龙说："凡是人，没有不愿受尊重的。俗语说：'我敬人一尺，人敬我一丈。'我对待员工皆给予尊重，受到尊重的员工自然会激发出自重，懂得自重、会自重的员工还需要什么管理呢？而员工的自重，就是对我最高的尊重！"

所以，许文龙的不管理策略，可说是结合简单与人性，在化繁为简、执简御繁的概念下，尊重员工，让员工自律自重，进而将个人的潜能充分发挥。奇美员工的工作效率和成本控制之所以优于竞争者，靠的就是这一套不管理策略。

在任何一个机构中都存在着领导与被领导的关系。领导者的工作是宏观的、全局性的，主要是制定大政方针、谋划发展战略、把握发展方向，而非什么事都管。处理好"为"与"不为"的关系，有所为、有所不为，是领导者应具备的领导艺术。只有善于在小事上"无为"，才能在大事上更好地"有为"。抓好大事则会事半功倍,专管小事则可能事倍功半。这就是道家"无为而治"给我们提供的"抓大放小"的领导策略。

将"无为而治"运用于管理工作,就是要求领导者要遵循自然规律,严格按规律办事;要善于因势利导,顺其自然,为当为之事,不为不当为之事。按照老子的思想,领导者可分为四个层次:最高层次的领导者按"道"办事,他虽实施了管理,却使人感觉不到他的存在;第二个层次的领导者按"德"办事,他不谋私利,一心为民办事,能给成员带来实惠,成员爱戴他;第三个层次的领导者依"法"行事,人们畏惧他,但并不真心拥护他;第四个层次的领导者按"欲"行事,他什么都不懂,却什么都想管,人们痛恨他。在老子看来,只有第一个层次的领导者才达到了"无为而治"的最高境界,才能取得最好的管理效果。这一理念告诉我们,最高水平的管理是顺应物性和尊重人性的管理,最高明的领导者是在悠闲自得之中将管理对象治理得井井有条的领导者。

方式 61　主动授权于值得信赖的下属

关键词: 解放思想·主动授权·信赖下属

适用情境: 为寻找授权对象而烦恼时,可运用此方式。

授权是一种有效的领导方法。然而,一些中小民营企业的老板却不清楚如何正确使用。时常听他们大发感慨:随着企业业务量的增长,团队越来越膨胀,需要应付的差事越来越多,因此越来越感到精力不济、力不从心,随着竞争的加剧,越来越意识到专业化人员的重要性,这是保证业务持续增长和公司良性发展的基础。但是,大多数民企老板不懂得授权是基于一种充分信赖的心态,对自己、对他人信赖。因此令他们感到最头痛的不是选择职业经理人的问题,而是聘用了职业经理人后授权的信任问题!因为对缺乏信赖的人,一般不会采取授权的领导方式，而是将权柄牢牢抓在自己手中。

为了解决授权的信任危机，或授权后的信任问题，关键的一点是要使中小民营企业的老板们知道：授权必须有效！所谓"有效"在于授权者有正确的策略，既相信被授权者的品格与能力，又相信自己能够处理授权带来的所有问题和任何意外，归根结底，就是实现授权者对自己的信赖。

选用职业经理人，甚至包括提拔企业内的高级领导者，都要以信任为第一要素。选聘人才的时候，首先不应该考虑的是这个人与自己的关系疏远问题。关系近则优先考虑，关系远则靠边排队。虽然用人时考虑信任问题无可厚非，因为信任他人的前提是对自己的信赖。但同时又不能将信任作为唯一要素，在信任关系建立后，应考虑到对企业影响很大的职业操守、工作态度、工作能力等问题，否则只会对企业发展造成负面影响，从而根本达不到聘用职业经理人的目的。授权是为了选拔人才、培养人才，大胆使用专业人才是为了增加创新成果的可能性。

有不少民营企业为了摆脱家庭式管理，也聘用职业经理人。但引进职业经理人后，官职可以给，银子可以给，但是审批权却丝毫不给，属于典型的"给官给钱但不给权"。大部分企业在选择职业经理人时，首先想到的是：既然企业花了很高的代价引进职业经理人，所引进的人才就应该是其职业背景越资深越好，业务能力越高强越好。然而殊不知，大脚不能穿小鞋，小脚不能穿大鞋，否则会造成脚累，也是对鞋的一种很大浪费。对于职业经理人而言，与职位相对应的审批权、决断权是其开展工作的最基本需要，只有官位但没有实权的职业经理人在实践中不可能发挥作用。

这里要明白聘用职业经理人的目的。一般来说，企业聘用职业经理人的目的是为了企业长足的发展。因此要克服聘用职业经理人只以短期请师傅为目的。若如此，聘用职业经理人则形同请咨询公司，只期望能从职业经理人那里得到一些新的点子或策略，并没有长期合作的想法。由于聘用职业经理人的成本要远比请咨询来得低，因此就假借聘请职业经理人之名行开拓眼界之实。殊不知现在的企业竞争已经到了系统竞争阶段,单靠从师傅那里学来的一招两式甚至是偷学来的残招半式根本无助于企业的发展。

此外,民营企业要做到有效授权,要解决信任以外的授权危机。否则,无效授权会浪费资源和时间,甚至可能产生风险,形成危机。

有效授权不等于放权,并不是说将权力授给其他人后,授权者可以撒手不管或者对局面失去控制与把握,如若那样,则不是有效授权,而是盲目放权。盲目放权可能给企业带来混乱。因此需要在授权的同时,有严格的监督机制,以检视权力运作情况,从而使授权更加有效。

有效授权也不同于委派,委派是以命令和说服为主,只是委派任务和目标,对方的责任不强,也缺乏主动性。有效授权的核心是授予对方责任和主动权,让被授权者有创造的空间,能采用自己的方法去完成目标。

英特尔十分注意对员工进行授权。在他们看来,授权者和被授权者必须共享信息。因为只有委派进行得很有效时,它才会起到较强的杠杆作用,而较弱的杠杆效果则产生于主管只死守所有工作而不懂得分配工作。总裁葛鲁夫认为,主管把自己喜欢的工作分配出去,可以更加得心应手地对这些分配出去的任务进行监督,并确保它们按计划执行。

在英特尔的日常管理中,处处都体现了授权所带来的好处。葛鲁夫将这一点形象地比喻为:一个经理应当持有项目原材料方面的存贷,这些存贷应当由你需要但不是马上完成的东西组成。实践证明,要是没有这些存贷,经理们就会无所事事,从而在百无聊赖之际去干涉下属的工作。这样的结果是可怕的,员工们的积极性和创造性将会受到重创。所以,葛鲁夫认为:对于一个经理或是主管来说,保证适度放权,并花一定的时间去计划咨询或协调员工之间的关系,并在适当的时候加以督导,那么下属就会及时地去调整工作状况,这种局面非常有利于公司的高效运作。

授权是一个双向过程,是有效地将一部分工作转交给他人,需要双方互相信赖与沟通。通过有效授权,授权者将庞大的企业目标轻松地分配到不同人身上,同时将责任交给更多的人共同承担,让团队每一个职员更加有目标、更加负责任、更加投入、更有创造性地工作,产生"四两拨千斤"的巨大效益和"九牛爬坡,个个出力"的协作精神。只有这样才达到了向经理人授权的目的。

近几年来,全球企业正在经历一场转折,即以前的家族式企业中一人独裁的集中控制方式,逐渐被分权和授权的方式所取代,随着企业规模的迅速扩大和全球化战略的实行,公司的领导者统管一切的方式不仅在方法上是行不通的,而且对于公司的成长来说也是有害的。适当的授权能使下属更加积极地参与到企业的运作和管理上来,从而有利于增强企业的竞争力。例如,松下电器的创始人松下幸之助的话就很耐人寻味:"授权可以让未来规模更大的企业仍然保持小企业的活力;同时也可以为公司培养出发展所必需的大批出色的经营管理人才。"有了这些人才,企业的发展才会如虎添翼,进而取得更大的成功。

方式 62 以包容的胸怀积极支持下属的工作

关键词:包容下属·支持下属·包容的胸怀

适用情境:授权给下属后,又不是十分信任时可运用此方式。

解决信任以外的授权危机,达到有效授权,首先要建设良性的企业文化。企业不管大小,都应该有自己独具特色的文化。而良性的企业文化是企业团队成长的土壤。在民营企业里,若能建立并逐步完善企业文化,则会使企业的员工真正融入其中。新员工在选择企业时,能够融入企业文化的,会自然和企业内部通行的行为规则保持一致的步伐；不能融入企业文化的就会自然地退出或被淘汰，此时即使有部分浑水摸鱼者也会成为不能被团队所接受的异类，而沦为人人喊打的过街老鼠。这种良性的企业文化会自然地帮助老板提升信任系数。

其次，构建合理的内部管理体制。在企业内从高层、中层到基层的组织结构、决策程序、岗位分工与描述、人员职责定位、工作流程、绩效考核（包括工作分析、KPI 设定、考核组织、考核办法及实施、奖惩机制等）等"软件"都是内部管理体制的组成部分。合理的内部管理体制是保证企业良性运转的基础。对于不同职位、不同级别的经理人，都有与其职位所对应的职责权限。总之，制度是根据需要由企业制定的，有了合理、完善的制度，就为跑、冒、滴、漏情况的发生提供了有法可依的保障，制度的执行又有考核体系的保障，考核体系又有奖惩体系的保障。这样，在一个完善的内部管理体制下面，自然会省去老板只凭感觉来判断能否信任的麻烦，而且也增加了许多科学合理的评价成分。

最后，也是最关键的一点，就是中小民营企业的老板要具备非常理性、客观的"得"与"失"的评判水平和胸怀。也就是说企业老板具有一种宽广的胸怀和先谋定而后动的眼光至关重要。企业老板在用人方面也同样存在着大智慧者算大账、小智慧者算小账的区别。企业以高薪聘请了总经理，一段时间内使企业的营业额有了提升，达到或超额完成了老板的预期目标。此时即使职业经理犯了一些错误或给企业造成了一定程度的损失，但只要职业经理人所犯的错误不是原则性的，企业老板就要继续以一种包容的胸怀去积极支持职业经理人的工作。这样做可以实实在在稳定职业经理的人心。

作为一名领导者，掌握好授权技巧，对于工作的开展是非常重要的，如果领导者能够完成任务同时又能享受其中的乐趣那是最好不过的。授权给与你一起工作的人常常有助于你完成任务和享受工作。这其中主要包括两个主要方面。

首先是，将什么事情授权。

1.你没时间做的事

合理地计算出你必须做的每项任务将要花费的时间。如果正常来说预计是半小时,就加到一小时,留出合理的工作步伐、打断和花在收集资料上的时间。如果你发现不能按时完成每一件事,就选择其他人能完成的任务委派出去。

2.别人能做得更好的事

有时,领导者会抓住一项任务不放,尽管他人可能会做得更好或更快,这种对控制的欲望通常于我们不利,因为我们最后得不到更好的工作效率。将任务转交他人做并非承认能力或智慧不足。相反,在了解和利用自己的强项时,这就会表现出你犀利的洞察力。

3.他人为了积累专业经验而必须做的事

当然,通常你会比下属或助理干得更快更好。但为了让下属或助理提高专业水平,可能要将工作交由他们去做。而且,随着你不断晋升,你将享受到伴随将任务委交他人而来的轻松感。认识到这点,尽管你一直做着一项具体工作(而且做得相当不错),抽出时间来教他人怎么做,实际上,这是值得的。

其次是,如何授权才好。

1.详述你期望的结果

这样会避免你在任务结束时收到一个你不想要的结果。别以为他人与你的想法会一样。将你的想法用书面表达出来是个好提议;与你有权委派的人互相交换备忘录是确保达成共识的一条途径。

要定立明确的限期。然而,不要说:"到……时候这件事要完成。"应该说:"你能在什么时候完成呢?"这让受委派人拥有与任务有关的权力和选择。

如果受委派人定的限期不够快,你可以提出:"可不可以快点完成?"让受委派人继续有权选择。然而这样的询问取得的期限也可能比你定的更早。

2.提供权力、途径和支持

你所委派的不单是任务,还有执行任务的权力。你可以告诉其他人,受委派者有权在这个项目上代表你，并要求他人给予合作和信息。

3.评估结果，而非过程

用不同的方法做事可以达到同一目标。虽然他人的思路与你的不同，但并不代表是错的。不要注重他人采取的做事方式，而是要评估结果，看看是否符合你定的目标。这不是说看到错误不能提供辅助或信息，只是别因为太快介入而搅乱了学习的过程。

4.确保你随时准备跟进

你仍然拥有决策的权力和对该项目最终的审核权。无论你委派的是简单的还是复杂的任务，若你没有对完成了的项目给予最后肯定，就会浪费所有人的时间和努力。不做最后跟进表示对你委派他人的任务不负责任。这会降低你的信誉并增加他人不将你的要求认真对待的机会。你的跟进方法可以简单如一个"备忘本"。何种方法并不重要，最重要是有效。

方式 63　给下属提供奋斗的空间

关键词：合理授权·调动积极性·奋斗空间

适用情境：当下属不能充分发挥其才能时，可运用此方式。

管理的秘诀在于合理地授权。所谓授权，就是指为帮助下属完成任务，领导者将所属权力的一部分和与其相应的责任授予下属。使领导者能够做领导的事，下属能够做下属的事，这就是授权所应达到的目的。合理地授权可以使领导者能够放手让下属做他们应该做的工作，自己专心处理重大决策问题，这还有助于培养下属的工作能力，有利于提高士气。授权是否合理是区分领导者才能高低的重要标志，正如韩非子所说的那样，"下君尽己之能，中君尽人之力，上君尽人之智。"领导者要成为"上君"，就必须对下属进行合理地授权。成功的企业领导者都熟谙授权之道。

詹森维尔公司是一个美国式家族企业，规模不大，但自从 1985 年下放权力以来，企业发展相当迅速。CEO 斯达尔的体会是："权力要下放才行。一把抓的控制方式是一种错误，最好的控制来自人们的自制。"

斯达尔下放权力的主要手段是由现场工作人员来制订预算。刚开始时，整个预算过程是在公司财务人员的指导下完成的。后来，现场工作人员学会了预算，财务人员就只是把把关了。在自行制订的预算指导下，工作人员自己设计生产线。需要添置新设备时，他们会在报告上附上一份自己完成的资金流量分析，以证实设备添置的可行性。

为了让每一位员工更好地行使权力，斯达尔撤销了人事部门，成立了"终身学习人才开发部"，支持每一位员工为自己的梦想而奋斗。每年向员工发放学习津贴，对学有成效的员工，公司还发给奖学金。自从实行权力下放以来，公司的经营形势十分好，销售额每年递增 15%，比调资幅度高出整整一倍。

建立一个与有效授权相配套的授权机制，营造一个与有效授权相适应的授权氛围，是企业领导者进行有效授权并留住人才的一种崇高境界。有效授权，使员工有足够的空间去想象，可以充分发掘员工的潜能，激发员工自我负责的精神，从而实现授权的意义和企业的目标。通过有效授权，培育良好的授权氛围，使每一个员工都能感到自己能够独立判断，对自己的工作负责。

甲骨文公司通过给各层级的员工以必要的自主权，让他们对自己的岗位承担责任。如，一位整合产品部经理在 22 岁时就有足够的权责去影响公司的总业务收入（一般公司的员工要等到 35 岁甚至 40 岁左右才拥有这种影响力）。他不仅可以去决策、去掌握客户，进行产品发布，以及管理研发人员，而且还可以掌控一切和他有关的各种事务流程。甲骨文公司只是为每个员工提供一个可以施展才华的空间，在这个空间里所有的一切，都需要员工自己去创造,需要他们自己对自己的工作负责。另外,要有负责任的上级领导者可以确保员工不会有越权行为,在这个基础上,甲骨文公司和几乎所有美国大企业一样从管理体制上给予员工上进的空间,从制度上吸引和留住优秀员工。这也是我们现在追求的有效授权,就是给员工空间,让员工自己对自己的工作负责。

因此,要想取得有效授权的果实,留住企业的优秀员工,就必须先给予员工良好的授权氛围。通过建立起完善的内部授权机制,搭建起良好的授权氛围。只有做到有效授权,才有可能实现营造员工自由发展的个人空间。也可以这样说,空间是有效授权的追求。

授权并非一蹴而就,不能说一句"这件事交给你"就以为完成了授权。授权一事需要授权者和被授权者双方密切的合作,彼此态度诚恳,相互沟通了解。在授权的时候,授权者必须有心理准备,明确授予下属完成任务所享有的权力和责任,使他完全理解自己的任务、权力和责任。做到这些后,就要让接任者依他自己的方式处理事情,不要随意干涉,并且随时给予扶持。合理地授权并非对下属放任自流、撒手不管。授权者要保留监督的权利,在被授权者出现不可原谅的错误时,应随时取消他的权力。

合理地授权,有利于调动下属在工作中的积极性、主动性和创造性,激发下属的工作情绪,发挥其才干,使上级领导的思想意图为群体成员所接受。善于授权的企业经理能够创造一种"领导气候",使下属在此"气候"中自愿从事富有挑战意义的工作。授权可以发现人才、利用人才、锻炼人才,使企业的工作出现一个朝气蓬勃、生龙活虎的局面。

这时我们就要告诫自己:领导者权力运营的最佳手段是抑制而不是放纵自己的权力,且职位越高越应如此。领导者是带领下属完成目标的人,不是通过个人能力实现目标的人;是最大限度挖掘和调动下属积极性的人。既然已经授权给了下属,就要相信自己的眼光,相信他能把工作做好。

一个成功的领导者可以定义为:最大限度地利用其下属的能力,并全力支持而不是干涉下属。权力的适当下移,会使权力重心更接近基层,更容易激发下属人员的工作热情。大量的实践证明,领导者抑制自己干涉下属的冲动反而更容易使下属完成任务,同时这也是区分将才和帅才的重要标志之一

在希尔顿的旅馆王国之中,许多高级职员都是从基层逐步提拔上来的。由于他们都有丰富的经验,所以经营管理得非常出色。希尔顿对于提升的每一个人都十分信任,放手让他们在各自的工作中发挥聪明才智,使他们能大胆负责地工作。如果他们之中有人犯了错误,他常常单独把他们叫到办公室,先鼓励安慰一番,告诉他们工作中都难免会出错的。然后,他再帮他们客观地分析错误产生的原因,并一同研究解决问题的办法。他之所以对下属犯错误采取宽容的态度,是因为他懂得只要企业的高层领导,特别是总经理和董事会的决策是正确的,员工犯些小错误是不会影响大局的。如果一味地指责,反而会打击一部分人的工作积极性,从根本上动摇企业的根基。希尔顿的处事原则,是使手下的全部管理人员都对他信赖、忠诚,对工作兢兢业业,认真负责。

正是由于希尔顿对下属的信任、尊重和宽容,使得公司上下充满了和谐的气氛,创造了一种轻松愉快的工作环境,从而才使得希尔顿获得了经营管理中的两大法宝——团队精神和微笑。而正是这两大法宝,才铸成了希尔顿事业的辉煌。

方式64 把权力授予愿意接受权力的下属

关键词：有效授权·授权对象·何时授权

适用情境：领导者在思考该把权授给谁、何时授权时，可查看此方式。

事有"本末"、"轻重"、"缓急"之分，舍本而逐末，当然就不得要领了。管理是什么？管理就是抓事情的"本末"、"轻重"、"缓急"。在任何单位的工作中，不仅有着各项重大任务，而且有许多事务性工作。有些事情非常紧急，迫在眉睫，必须当机立断，及时去办；有些事情忽然来到，不办不行，必须妥善安排；有些事情必须上下配合，共同去办。

在如何分清轻重缓急、对症下药方面，有一个很有趣的故事可供大家参考：

有一天，动物园的管理员们发现袋鼠从笼子里跑出来了，于是开会讨论，一致认为是笼子的高度过低。所以他们决定将笼子的高度由原来的10公尺加高到20公尺。结果第二天他们发现袋鼠还是跑出去了，所以他们又决定再将高度加高到30公尺。没想到隔天居然又看到袋鼠全跑到外面，于是管理员们大为紧张，决定一不做二不休，将笼子的高度加高到100公尺。一天长颈鹿和几只袋鼠们在闲聊，"你们看，这些人会不会再继续加高你们的笼子？"长颈鹿问，"很难说……"袋鼠说："如果他们再继续忘记关门的话！"

作为领导者，不可能也没有能力去总揽各项事务。授权也是一样，必须按照急缓程度把工作交由下属去办。权力授给谁？领导者首先要考虑这个问题。而且，在作出决定之前，你必须考虑很多的因素，这里着重讲的是授权对象愿不愿意接受领导者授予的权力。下级对领导者授予的权力，并非都会欣然接受。应当明白，下属也是人各有志，不可勉强。领导者勉强授权，很难取得成效。这就需要领导者把权力授予愿意接受权力的人。

领导者应注意授权对象的承接力和如何把握适合的时间策略,如果你想要授权有效和体现出成果,就必须要经过精挑细选,被选中的员工应具备以下素质:有职业道德、善于灵活机智地完成任务、有自我开创能力及协调与合作精神有善于思考的头脑,而且要懂得一定的传帮带技术。

选择一个正确的授权对象是授权的关键一步,领导者应该将权力授予那些品德好、有能力的人。这就要求领导者在授权之前要对被授权对象进行细致的考察,包括被授权员工的特点、强项、弱势等在内都应该了如指掌。

选准对象,就能授权。孔明伐北,街亭失守,过不在马谡,而在于孔明弃魏延而用马谡为先锋,是授权者选择对象不当所致。在选择授权对象时一定要坚持德才兼备的原则。既要考察授权对象的政治素质,又要考察授权对象的实际才能。有德无才难担重任,有才无德贻误事业,两者不可偏废。选定授权对象后,应注意根据其能力大小和个性特征给予适当的授权。对于能力相对较强的人,宜多授一些权力,这样既可将事办好,又能培养锻炼人;对于能力相对较弱的人,不宜一下子授予重权,以免出现大的失误;对于性格非常外向的人,宜授权让他协调人际关系及部门之间沟通协调的事情;对于性格非常内向的人,宜授权让他分析和研究某些具体问题;对于黏液质和抑郁质的人,宜授权让他们处理具有持久性、细致性、严谨性的工作。

合理地授权就是安排合适的人做合适的事情,合适的人是指适合该事情的唯一人选,事情做好了功劳都属于他,出了问题,授权对象就是唯一需要对事情负完全责任的人。要注意的是,在选择授权对象的时候,授权对象一定要有唯一性,否则大家都有"尚方宝剑",情况将会变得糟糕,出了问题就找不到负责的人。

方式 65 有计划、有步骤地给下属分配权利和责任

关键词：有效授权·权限清晰·职责明确

适用情境：要进行有目的的有效授权时，可运用此方式。

计划对于授权至关重要。有效授权需要合理计划，计划是有效授权的保证。只有合理制定授权计划，员工才能更好地理解授权的目的和企业的目标，并全身心投入到工作中。比如，北美最大的天然气资源公司——美国阿莫科公司就是通过授权经营而取得成功的例子。阿莫科公司通过授权计划，首先工厂会给项目经理正式的授权书，给予他们行政管理权、财务权、技术处理权。其次项目经理依次对下面的分项目经理予以授权。在此基础上，分项目经理会给每一个项目成员具体的岗位，界定权力和职责。通过计划授权的实施，使员工的权利和义务得到平衡。

因此，有效授权必须要有一个合理的授权计划作为后盾，为授权而设立计划是有效授权得以实施的保证。如果授权无计划，授权难免会失败。因为没有计划的授权，会使员工茫然，不知所措。事实证明，没有计划的授权就像没有计划的人生，没有方向，最后只能随波逐流。

可见，被授权的员工在完成任务的过程中，领导者必须在计划范围内给予员工一定的授权，包括资源、经费、人员以及有用的信息等方面。但是领导者要清楚，当你把权力授予下属时，并不意味着任务完成的成败与你无关，领导者永远都是最终的责任者。

领导者要分清，并不是什么事情都可以授权给下属的，不可授权的事情一定不能让别人去代劳。比如，绩效考核、人事调整、制定预算以及一些机密的工作等。连你自己都不清楚的事情也不要去授权给别人。

要有分寸，防止"弃权"。领导者所拥有的决策权、人事权、指挥权、监督权，在任何时候都不能放弃。否则领导者将被"架空"，领导活动失去控制。明朝皇帝朱由检把大权交给了奸臣魏忠贤，每当魏忠贤问他事时，他总是说："你看着办吧，怎么办都行！"结果导致了魏忠贤遍设锦衣卫，肆无忌惮地乱杀重臣名将，造成了大批冤狱。

在处理领导者对下级进行授权的环节中一定要把握好适度原则，切不可有任何如下情形发生。

1.不要将琐碎小事交给下级负责

领导者授予下属的权力一定要是实权，且必须具有重要性。授权是为了完成某项重要的工作，并非什么小事都让下级代办。所以在工作中必须防止上下级之间由于关系过好，上级的私事小事经常让下属负责，这样导致了下级变成秘书，让下级滋生了"大事没我，小事归我"的心理，对工作失去积极性。

2.授予权限不当

"度能授权"是领导者必须掌握的一个重要技巧，权力的授予必须有一个度，权力超过了这个度，会导致量变到质变，造成工作中的瞎指挥现象，进程杂乱无章，失去控制，使员工对原本自己不熟悉的事情也指手画脚，乱出主意，导致专业人员的困惑。权力如果没有达到这个度，那就等于没有被授予，上级因为没有适当授权，导致自己忙内忙外，工作太多，而下属则被排斥在工作之外，看别人在工作而自己在旁观，导致积极性受挫。

3.随意收回权力

在授予下属权力之前，一定要深思熟虑，合理安排，切忌由于考虑不周，随意收回权力。权力的授予，是上级对下级的一种信任，应当充分相信下属的能力，放手让他全权处理该任务中的各项问题。如果平时不注意培养下属的工作能力，一旦有突发任务，让下属贸然接替，发现其经验能力不足后马上将其撤回，是对上级本身能力的一种否定，也是对下属自信心的打击，这是授权中必须非常谨慎处理的问题之一。

4.权限界定不清

许多领导因为事务缠身，对授权过程不重视，其授权的全过程就是一句话："这件事交给你处理了。"其实，这是一种不负责任的授权方式，说了等于没有说，当下属遇到稍大的事情，超越了平时的权力范围，便会不知所措，又不敢再问上级，经常到事情结束后，其结果跟上级想要的结果大相径庭，又被上级责备遇事不问，以致如此结局。其实，这样的事情在现实中经常发生，原因不是下属的能力有问题，而是上级在授权的时候没有将权限界定清楚。一个工作任务和目标都不明确的授权，就失去了存在的意义。

5.害怕承担责任与竞争

失败是走向成功必须经历的挫折，畏惧失败的人将永远无法体会成功的喜悦。许多领导者在授权的时候经常考虑到如果下属出错后，自己要承担责任而不愿意授权，或者害怕下属在出色地完成任务后功高盖主反夺其位。认为下属承担的责任越大，所做的工作越多，取得的成就就越可能超越自己，而且在企业中的声望、权力就会扩大，造成对自己的威胁，因而往往不愿意将权力授予下属。

权力的授予是一门综合性很强的艺术，授权过程中涉及的各方面内容也比较多，领导者把握了授权的本质要点，便可以按照自己的意愿，从容安排授权。当然，要成功运用好授权的技巧，除了了解授权的内容特点及注意事项，还必须有良好的监督反馈机制。

方式 66　能下放的权力就下放，
　　　不能下放的权力绝不下放

关键词：下放权力·授权泛滥·权力失控

适用情境：在下放权力之前，先查看此方式。

　　一般情况下，领导者应保留以下几种权力：事关区域、部门、单位的重大决策权，直接下属和关键部门的人事任免权，监督和协调下属工作的权力，直接下属的奖惩权。这些权力属于职能责任者工作范围内的权力，不能授出。除此之外的其他权力，可根据不同情况灵活掌握。

　　从实际工作上衡量，凡是分散领导者精力的事务工作，上下都能支配或可分担的边际权力，以及因人因事而产生的机动权力等都可以考虑下放。但要注意事情的"本末"、"轻重"、"缓急"程度和授权方法。

　　任何企业或组织都有自身的发展目标，这些目标的实现绝不是领导者个人所能完成的。领导者只有将组织的总目标进行必要的分解，由组织内部的各个管理层及部门的所属成员各分担一部分，并相应地赋予他们一定的责任和权力，才能使下属齐心协力，共同奋斗，努力实现组织的总目标。那么，领导者应该按照何种方法进行授权，才可以避免授权的盲目性和授权失当的现象发生呢？

1.充分授权法

　　领导者在充分授权时，应允许下级决定行动的方案，并将完成任务所必需的人、财、物等权力完全交给下属，并且允许他们自己创造条件，克服困难，完成任务。充分授权极大地发挥下属的积极性、主动性和创造性，并能减轻主管不必要的工作负担。

2.不充分授权法

凡是在具体工作不符合充分授权的条件下,领导者应采用不充分授权的方法。在实行不充分授权时,应当要求下属就重要性较高的工作,在进行深入细致的调查研究的基础上,提出解决问题的全部可能的方案,或提出一整套完整的行动计划,经过上级的选择审核后,批准执行这种方案,并将执行中的部分权力授予下属。

采用不充分授权时,上级和下属双方应当在方案执行之前,就有关事项达成明确的规定,以此统一认识,保证授权的有效性和反馈性。

3.弹性授权法

领导者在面对复杂的工作任务或对下属的能力、水平无充分把握,或环境条件多变时,可以采用弹性授权法。在运用这种方法时,要掌握授权的范围和时间,并依据实际需要对授给下属的权力予以变动。例如,实行单项授权,即把解决某一特定问题的权力授予某人,随着问题的解决,权力即予以收回。或者实行定时授权,即在一定时期内将权力授给某人,到期后,权力即刻收回。

4.制约授权法

当领导者管理幅度大,任务繁重,无足够的精力实施充分授权时,即可采用制约授权的方法。制约授权是在授权之后,使下属个人之间或组织之间相互制约的一种授权方式。它是领导者将某项任务的职权,分解成若干部分并分别授予,使它们之间产生相互制约、互相钳制的作用,以便有效地防止工作中出现疏漏。

5.逐渐授权法

领导者要做到能动授权,就要在授权前对下级进行严格考核,全面了解下级成员的德才和能力等情况。但是当领导者对下属的能力、特点等不完全了解,或者对完成某项工作所需的权力无先例可参考时,就应采取见机行事、逐步授权的方法。如先用"勘理"、"代理"职务等非授权形式,使用一段时间,以便对下级进行深入考察。当下属适合授权的条件时,领导者才授予他们必要的权力。这种稳妥的授权方法,并非要使权责脱节,而最终是要使两者吻合和达到权责相称。 其实,按照何种方法授权,取决于当时的综合情况和工作的急缓程度,这需要领导者因时因地考虑。但无论何种情况,领导者在授予权力之后,同样要对授权承担最终责任。

若想达到这点,就必须做到如下几个方面。

1.严格的监控

监控是管理的五大职能之一,也是领导者最重要的日常工作。领导者期待执行者能有效执行其意图,就必须在执行过程中严格监控,发现问题及时纠正,使之朝着预期的方向发展。但是在监控的过程中,一定要解决好一个问题,那就是监控不可以影响执行者的工作,以免形成负面影响。

2.标准化的考核

如果说激励给人动力,那么考核则给人希望,让人产生梦想。一般情况下,人们习惯于认为考核是一种约束,事实上这是对考核的功能的一种误解,真正合格的考核是让人看到希望并且让人产生梦想,是一种激励的补充,或者说是激励措施的一种量化形态。当然,如果只是设定一个最低标准来让人遵守的话,那么,这将会导致企业运行效率不高即执行力缺位。

3.实时的能力把握与筛选

有些领导者往往不能根据客观工作任务的性质,对被授权人所具备的实际能力、知识水平等进行慎重的考核,或是以个人好恶取人,或者以自己的亲疏程度选人,或者从平衡组织内派系出发挑选授权人。这很容易造成实际的偏差。如果领导者盲目地把权力授给无法胜任工作的人,这是失败的管理工作,真正的授权当然是要找一个具有能力、而又能行事负责的人,否则便是极差的管理了。所谓发现不了问题是素质的问题,解决不了问题是水平的问题。

第十章

"团队式"领导

只有团队合作，才能实现"人多好办事"

　　有效的领导力和管理团队建设被视为企业成长、变革和再生的关键因素之一。没有完美的个人，只有完美的团队，唯有建立和领导健全、高效的团队，组织才能真正实现"人多好办事"。

方式 67 严格要求团队的每一个成员

关键词：团队领导·疑聚力·优秀团队

适用情境：团队成员没有完成任务或犯错误时，可运用此方式。

在管理学中，我们常听人提起"好"老板不如"坏"老板这句话。这里的"好"和"坏"与我们平常理解定义的最大不同在于：它不是指一个人的品质，而是指一种行事风格，而且大多是"对内不对外"的行事风格。

无数证据表明，"坏老板"领导团队的执行力远远胜过"好老板"。因为"好老板"希望扮演所谓"人见人爱"的"好好先生"：员工任务没有完成，他认为情有可原；员工犯了原则性错误，他认为不必大惊小怪；订单丢失了，他觉得没什么了不起……"坏老板"的表现却完全相反，甚至有时候会对员工的某个小缺点"锱铢必较"，甚至暴跳如雷。但是你想过没有，所谓"好老板"往往是妇人之仁，所谓"坏老板"往往是真正的事业家。

同样，"坏老板"和"好老板"对自身的要求也完全不一样，"好老板"更容易原谅自己的错误和失误，习惯性地为自己寻找冠冕堂皇的借口，而"坏老板"则对自己的要求异常严厉，行事果断高效，注重行动表率，对客户的需求更加关注，对成功的欲望更加强烈，是"自然领袖"，他绝不允许在自己身上存在低级错误，甚至他会自我惩罚。

不过，"坏老板"和"好老板"之间或许存在一个最大的一个共同点，就是他们都希望用"自己的风格"来塑造一个良好的工作氛围，但结果往往大相径庭："好老板"塑造的组织文化是"弱势文化"，侧重防守；"坏老板"塑造的组织文化是"强势文化"，侧重进攻。依据《哈佛商业评论》中的调查：强势组织文化平均所创造的经营绩效是弱势组织文化的一倍以上。

微软的比尔·盖茨和鲍尔默对完不成任务的员工骂粗话、对不能迅速领会他们意图的员工讽刺挖苦是常有的事;某个知名公司的总裁更是取笑他的财务总监:"你最近进步很大,从很差进步到了比较差,"甚至跟新员工说:"进了我们公司就是进了坟墓。"某个 IT 企业的总裁在一次电视节目中就坦诚自己办企业时拍过不少桌子,骂过不少娘;甲骨文的拉里·埃里森和戴尔电脑的迈克·戴尔更是 IT 业的著名"恶人";被喻为全球第一 CEO 的杰克·韦尔奇更是有个杀伤力奇强的绰号"中子弹杰克"。

你可以骂这样的老板简直"坏透了",但你不得不佩服这些"坏老板"却做出了一家高执行力、高绩效,而且是当代最卓越的企业。

创造好公司需要"坏老板",因为"坏老板"有更坚强的意志,有与众不同的思维模式,有敢于打破常规的圈囿,能突破世俗桎梏和传统的束缚。商业竞争毕竟是一场"打硬球"的游戏,狭路相逢"坏"者胜,归根结底是"坏人"和"坏人"之间的竞争。

而现实中,绝大多数老板是介于"好"与"坏"之间,所以,绝大多数的企业都是平庸的企业,而那些失败的企业则往往是由那些"该好时却坏、该坏时却好"的老板所经营的。

下面是做一个"坏"老板所必须遵守的 8 大原则:

第一,"坏"得要真诚和真心。如果老板被员工贴上伪君子的标签,那么再怎么"坏"也让员工不服气、不信任。

第二,"坏"之前要先"好"。只有你曾经对人"好"过,比如:关怀员工、帮助员工提升能力等,你的"坏"才是对人恨铁不成钢的"坏",而不是对人嫌弃厌恶的"坏"。

第三,"坏"得有资本。你要"坏",首先得是某一方面的专家,最好还是资深的。或者具有其他超常能力,比如:知识面广博、判断力敏锐、人格魅力超群等,否则,你压根就没有"坏"的资本。切忌职务权威并不是"坏"的资本。

第四，"坏"之前要掌握足够多的信息。如果你经常"坏"错了人，那你的"坏"只不过是员工茶余饭后谈论的笑话。

第五，"坏"要对事不对人。即对工作严厉、对人友善，可以讽刺挖苦但不可以侮辱人格。而且，就算对事也要区分"是否原则性的问题"，否则，就会变成小鸡肚肠的"坏"。

第六，"坏"的对象也要有所选择。尽量对自己的直接下属"坏"，对间接下属则要"好"，因为直接下属平常和你近，了解你的脾气，当然，平常你所给他的"好"也会最多，这样"坏"起来就有了基础。

第七，"坏"出一种风格。严厉强悍但不飞扬跋扈，强势命令但不颐指气使，金刚怒吼但不气急败坏，前者是领袖的气势，后者是小人得志的嘴脸，故，宁做"恶人"，不做"小人"。

第八，"坏"得要有艺术。不是为"坏"而坏，要"坏"得让人心领神会，要"坏"得让人心服口服，要"坏"得让人肃然起敬，要"坏"得幽默风趣，要"坏"得有人格魅力，要"坏"得富有人情味，要"坏"得铁腕柔情，要"坏"得被人喜欢。

方式 68 合理搭配各种工作人员，让人才形成"互补效应"

关键词：团队领导·合理搭配·互补效应

适用情境：要体现自己的领导力，在团队内树立威信时可运用此方式。

在现代社会里，许多工作需要许多知识、技能的联合才能攻关，不是一个人或一种人就能胜任的。事实证明，如果各种人员搭配得好，行为默契，就会产生最佳效能,产生新的力量,这种力量和它的一个个力量的总和有本质的区别。如果搭配不好,就会互相扯皮,互相抵消,造成一种力量的内耗。

每一个人都有自己的性格、脾气和心理特征,每一个人又都有自己的爱好和特长,每一个人还有自己的经历和经验。怎样才能使这些人和睦相处、同舟共济而不发生内耗? 唯一的办法就是用互补原则去协调他们,用一些人的长处去弥补另一些人的短处。互补原则体现在用人的多个方面,如"专业互补"、"知识互补"、"个性互补"、"年龄互补",长短相配,以长济短,形成多种具有互补效应的人才结构,才能调动人们的积极性和创造性。

没有一个人是全才,如果领导者渴望驱遣全才,那么将会无人可用。所以领导者就要充分挖掘每个人的潜力,知道每个人的长处和短处,然后再分别加以运用。其实在用人高手的心里,没有一个人会是废人,正如武林高手,不需名贵宝剑,摘花飞叶即可伤人,关键看如何使用他们。

所以,一个成功的领导者应该全面了解员工,包括他们的技能和心理特征,然后优化组合,为我所用。

当前社会中,有一些企业为了表明领导班子"知识化"、"年轻化",将一批具有名牌大学学历、专业知识水平强的优秀工程技术人员提拔到领导岗位上,结果用的恰恰不是他们的技术长处,而其长处也随着职务的变动难以发挥,不但使企业的技术力量削弱了,管理力量也明显下降了。 如何消除企业人才组合的负效果,而产生正效应呢?

首先正视人才所存在的个体差异。人无完人,有的人长于谋,有的人长于断,有的人长于专业技术,有的人长于社交;有的人勤于思考,有的人勤于实干……总之,一个人不可能样样都行,即使是"通才"型的人才,也只不过是精通的专业比别人多一些而已,因此,某一行业的人才与另一行业的人才互换,很可能就会成为工作上的累赘。因而,在企业人才结合中,针对人才个体所存在的种种差异,实现知识优势、能力优势的互补,因才制宜,以长补短,相互协作,以形成大于人才个体能力总和,从而产生良好的组织效应。如,被誉为"曼哈顿工程"的原子弹计划是由当时世界科学界的泰斗爱因斯坦提议的,似乎该工程的技术领导人非他莫属,可是美国政府却选中了一位二流物理学家奥本海默。爱因斯坦虽有卓越的科研才能,但生活不能自理,有时连回家的门也找不到,而奥本海默的科研虽无法与爱因斯坦相比,但他有出众的组织才能。事实证明这种选择是正确的,几年之后原子弹顺利爆炸了,可以说是爱因斯坦和奥本海默的合理组合才跨入了原子能时代。由此可见,人才组合中人才的知识优势、能力优势互补对一个组织成功所起的重要作用。

合理的人才组合还应该讲求年龄、气质上的互补,从而形成最佳的人才整体结构。处于不同年龄阶段的人才各有特色:年轻人精力旺盛,创造力强,开拓精神强,但缺乏经验;老年人阅历广,经验丰富,威信高,但进取意识弱;中年人素质介于二者之间。从人才气质类型看也各有千秋:有的人内向,有的人外向;有的人急躁,有的人温和……根据人才年龄、气质上的差异,在组合中做到各取其所长,补其所短,才能发挥良好的整体效应。

方式 69 以团队的力量解决个体力量不能解决的问题

关键词:团队领导·凝聚优势·超越个体力量

适用情境:要解决团队个体力量不能解决的问题时,请运用此方式。

英国科学家做过一个有趣的实验,他们把一盘点燃的蚊香放进一个蚁巢里。蚊香的火光与烟雾使惊恐的蚂蚁乱作一团,但片刻之后,蚁群开始变得镇定起来了,开始有蚂蚁向火光冲去,并向燃烧的蚊香喷出蚁酸。随即,越来越多的蚂蚁冲向火光,喷出蚁酸。一只小小的蚂蚁喷出的蚁酸是有限的,因此,许多冲锋的"勇士"葬身在了火光中。但更多的蚂蚁踏着死去蚂蚁的尸体冲向了火光。过了不到一分钟的时间,蚊香的火被扑灭了。在这场灾难中存活下来的蚂蚁们立即将献身火海的"战友"的尸体转运到附近的空地摆放好,在上面盖上一层薄土,以示安葬和哀悼。

过了一个月,这位科学家又将一支点燃的蜡烛放进了上次实验的那个蚁巢里。面对更大的火情,蚁群并没有慌乱,而是在以自己的方式迅速传递信息之后,开始有条不紊地调兵遣将。大家协同作战,不到一分钟烛火即被扑灭,而蚂蚁们几乎无一死亡。科学家对弱小的蚂蚁面临灭顶之灾所创造出的奇迹惊叹不已。

其实,蚂蚁的成功就是来自于它们的团队精神。对于蚂蚁这样一个弱小的物种来说,任何一个个体面对类似的灾难都是无能为力的。即使是一个数量很大的蚂蚁群体,在无组织、无秩序的情况下来应对这样的灾难,其结果也只能是全军覆没。可蚂蚁恰恰是一种组织性、秩序性很强的物种,它们依据自己的规则和方式,组成一个战斗力极强的群体,以应对生存过程中的一切困难。这正是蚂蚁这个弱小的物种之所以能在时时存在着各种天灾人祸的环境中得以存在和繁衍的关键。这种有组织、有秩序的群体就是团队。

人也是一种社会性的动物,人的一切活动都与其他同类有着密切的关系,所以人不可能脱离群体而存在。如果一个人脱离了人类的群体,他就失去了作为一个"人"的所有价值和意义。换一种方式来讲,人作为一个高等级的物种,个体的力量虽然远远超过了蚂蚁这些弱小个体,但单凭单个人的力量也是根本无法抗拒大自然的威力而生存下去的。所以,人要在这个世界上生存下去就必须将自身置于人类的群体当中。当然,人类社会与其他动物群体比较起来是复杂得多的,人类社会面对的威胁及存在的各种竞争也比其他动物群体多得多。

在英国科学家的实验当中,蚂蚁的成功证明了一个优秀的团队是所向无敌的。生存于社会中的人如果想获得成功，也必须将自己置身于一个或多个优秀的团队当中。

一个优秀的团队并不是简单的"人的集合体"，而是通过团队的规则与精神，将每一个团队成员的优势与能力充分而合理地凝聚在一起，形成一种远远超越个体力量简单相加的效果。用一个简单的比喻来说明，就是"1+1 2"。在现代企业当中，许多问题的解决需要多方面的知识与能力，仅靠任何个人的力量都是不可能完成的，这就需要具备单方面或几个方面知识与能力的人员共同组成一个团队，将每个人的知识与能力凝结起来，形成一个具有综合知识、能力的集体。这个集体的综合知识与能力是超越于每一个个体之上的，这个综合的集体才是承担每一个个体不能够完成艰巨任务的主体。也就是说要以团队的力量去解决个体的力量不能解决的问题。

方式 70　抓住型，树立一个好榜样

关键词：团队领导·榜样·激发他人

适用情境：要激发团队成员的工作积极性时，可运用此方式。

美国著名的心理学家、组织行为学家卡尔德鲁认为，人人都有一种互相攀比的心理，所以当一位员工看到另一位跟自己在各方面都差不多的员工因为做了某事而受到表彰或晋升时，他就会动力十足地去效仿那位员工——这也正是优秀员工的榜样作用所在。特别是在那些需要员工每天都时刻警惕自己提高业务水平的企业当中，优秀员工的榜样作用尤为明显。行为有时比语言更重要，领导的力量，很多往往不是由语言，而是由行为动作体现出来的，聪明的领导者尤其如此。

可以说，在任何组织和企业中，模范员工都代表着一种强大的力量，一方面是因为这些员工本身通常都具有极强的生产力，他们大都已经在自己的工作岗位上做出了超出常人的成绩；另一方面是因为这些员工能够在自己周围形成一种强大的气氛，可以不断促使身边的员工自动自发地努力工作。所以从这种角度上说，模范员工对任何组织和企业，都是一笔十分宝贵的财富。

企业的榜样员工是在实践中逐步成长起来的，是从企业内部成员中脱颖而出的优秀人物，是榜样员工的自身素质与企业优良的客观环境共同作用的结果。

在培育和造就榜样员工时，企业应做好以下三个方面的工作。

第一，企业领导要善于发现和挖掘榜样员工。榜样员工在成长的初期，通常并没有做出什么惊人的事迹，但他们的价值取向和信仰的主流往往是进步的，是与企业倡导的价值观保持一致的。企业领导者要善于通过员工的言行了解他们的心理状态，以便发现具有员工楷模特征的"原型"。

第二，企业领导要注意培养榜样员工。发现具有员工楷模特征的"原型"后，要为这种员工成长为榜样员工创造必要的条件，开阔他们的视野，增长他们的知识，扩展他们的活动领域，为他们提供更多参与文化活动的机会，以便于增强他们对企业环境的适应能力，使他们更深刻地了解企业的文化价值体系。

第三，企业领导要着力造就榜样员工。通过对榜样员工的言行给予必要的指导，让榜样员工在经营管理活动或文化活动中担任一定的实际角色或象征性角色，让他们得到一定的锻炼。当榜样员工基本定型后，企业应该认真总结他们的经验，积极开展传播活动，提高他们的知名度和感染力，最终使之为企业的绝大多数员工所认同，发挥其应有的激励作用。在这里必须强调指出的是，在对榜样员工进行宣传的过程中，绝不能人为地对其"拔高"，因为纸终究是包不住火的，当人们知道事情真相的那一天，就是榜样员工失去激励作用甚至是发挥反作用的那一天。

福特公司在所有车间都公开推举一个"模范工人"。推举完成之后，张贴到每个车间最醒目的位置，并将其作为新的车间工作标准。除此之外，公司还定期举办各种形式的讨论会，对"模范工人"在生产过程中的各个细节做法进行推广和研讨。就这样，一段时间之后，当"模范工人"的做法成为整个公司的标准作业方式之后，新一轮的讨论又开始了……直到现在，这一经典的激励方法仍在发挥着它持久的生命力。

在企业内部，寻找榜样员工需要注意哪些方面的内容呢？

首先，要根据企业需要，树立不同层次的榜样员工。在任何一家企业中，都有各种各样的员工，他们拥有不同的背景，成长的道路也不尽相同。因此，企业在树立榜样员工时，不能搞"一枝独秀"，而应做到"百花齐放"。不同类型的企业员工需要不同的榜样员工来激励和引导。企业领导者在树立榜样员工时，应该善于树立不同层次和不同类型的榜样。只有这样，不同类型的员工才能在"百花"之中找到最适于自己学习的榜样，榜样员工的激励效果才会更为显著。

其次，树立榜样员工一定要真实。树立榜样员工一定要真实，这一点尤其重要。从某种意义上说，榜样员工在生活中和其他人在多数方面并无二致，现在人们已经对此达成共识。因此，企业在树立榜样员工时，不能胡乱虚构，不能任意拔高，不能一好百好。如果其他员工知道榜样是不真实的，是虚构的，这比没有榜样还要坏得多。因为假相一旦被戳穿，员工就会有逆反心理，从而消极怠工，对企业所做的一切都持怀疑态度。

再次，不能神化榜样员工。企业树立榜样员工是为了让员工去学习，既然目的是为了让其他员工学，就要使他们"能够学"。企业如果把榜样神化，变成不食人间烟火的神仙，员工们就会感到望尘莫及。榜样员工也是人，他们也是有肉有血、有七情六欲的活生生的人，他们离不开现实生活的土壤，离不开深厚的群众基础。因此，企业在树立、宣传榜样员工时并非越完美越好，而应本着能够为大多数员工所接受，并乐意仿效为最佳。

方式 71 消除团队内部的不和睦现象

关键词: 团队内部·不和睦·窝里斗

适用情境: 当团队内部出现不和睦现象时,可运用此方式。

西方人对"解决问题"十分重视,却不明白"解决问题往往引发更多问题"的道理。管理之所以越来越复杂、越来越困难,便是不断解决问题所引起的后遗症日趋严重所致。

在篓子里放一只螃蟹,这只螃蟹很快就爬出去了,但如果放进一群螃蟹,就算没有盖子,这群螃蟹也爬不出去,因为只要有一只往上爬,其他的螃蟹便会攀附在它身上,把它拉下来,这就是"螃蟹效应"。在一个团队里,如果成员之间像这些螃蟹一样,为各自利益而互相打压,这个团队永远也不可能前进。

你是如何理解"螃蟹效应"的呢?你的身边是否存在或你就曾经在具有"螃蟹效应"的团队里待过呢?如何才能成功地避免"螃蟹效应"的发生?

"螃蟹效应"是可悲的,但"螃蟹效应"却在许多企业中存在,"螃蟹效应"严重时会形成一种恶性循环,并严重损害整个团队的利益,可能最终对谁都不会带来好处,但"螃蟹效应"是很难避免的。

"螃蟹效应"产生的原因在于:

1.人总是自私的。这种自私心理导致了主观倾向的产生,我们总认为自己比别人怎么样,特别是能力相近的人,在职场中总不愿意别人比自己强。这种自私心理是产生"螃蟹效应"的首要因素。

2.人总是很好强的。这种好强心理让我们谁也不会服谁,并总想在某些方面超越我们的竞争对手,于是相互间总会形成牵制,有形和无形的争斗就展开了，"螃蟹效应"也就应运而生。

3.人才的聘用制度不健全。目前，许多企业和政府部门的人才聘用制度不科学，导致合适的人不能进入合适的岗位，许多有能力的人却得不到晋升，而一些专攻权术的人却能平步青云，这是"螃蟹效应"产生的客观根源。

4.权力和责任不能对等。出现"螃蟹效应"，还在于权力和责任的不对等，权力大、职位高，有时承担的责任反而小了，所以心理上大家都向往权力，都想往上爬，于是一只螃蟹向上爬去，其他的螃蟹总会想办法去阻挠。

5.团队缺乏协作的文化氛围。从前面几点可看出，要想避免"螃蟹效应"几乎不太可能。但可用有利于团队建设的理念和文化来引导人产生协作文化，协作的结果会让我们看到1加1大于2的效应，这种效应会让我们自私的心理得到克制。

企业人际内耗的主要危害，一是影响内部团结；二是影响工作效益；三是影响企业氛围。企业的人际内耗是十分有害的，应该引起每个领导者的注意。克服内耗要理顺的内部关系有很多，但最重要的是理顺人际关系。因为人际关系是企业基础管理的中心环节。领导者怎样才能理顺人际关系，浅谈有以下几个方面。

一、领导者应破除对企业人际关系掉以轻心的思想，要清理阻碍人际关系的不良偏见，解决好对新型人际关系的认识问题，树立正确的人际观，在思想观念上提高克服内耗的自觉性。

二、企业的人际关系是庞杂的，既有高级领导层，又有中层主管，还有广大普通员工，且各层次又有不同专业的人员。这就要求领导者对人际关系的把握，要做到全局在胸，不断强化人际"制高点"，居高临下，带动企业克服内耗。

三、领导者在影响人际距离因素上，要有所发掘，不断改善人际环境，是企业理顺人际关系、克服内耗的必要条件。良好的人际环境的建立，必须依靠人际距离的缩短才能得以实现。因此，领导者只有深入研究企业内部影响人际距离的自然、空间、相似、性格和利益等相关因素,才能积极发掘和创造人际关系的发展条件,努力克服内耗。

四、职工的个性千差万别,决定了处理人际关系方法的非定量化和非程序化。因此,领导者处理人际关系既有科学性,又有艺术性。二者的有机统一是增进人际交往的实际技能。正确处理企业人际关系的技能极为广泛,诸如催人奋进的表扬和奖励,治病救人的批评惩处,深察入微的体贴关心,循循善诱的启发教育,关怀备至的真切爱护和真心实意的协商对话等等,都是一些行之有效的技能方法。

方式 72 树立自己在团队中的威信

关键词:团队领导·贯彻执行·树立威信

适用情境:当下属不认真地贯彻执行你制订的工作计划时,可运用此方式。

如果你是一个企业领导者,制订了工作方案之后,你还要想方设法地把它贯彻下去,而不是让你的计划成为没有现实意义的海市蜃楼。那么,你必然要把你的方案传达给下属,并让他们付诸实施。如何使你的下属言听计从呢?有经验的领导会用独有的魅力去引导、去激发下属接受任务和完成任务,他的魅力来自哪里,来自下属对他的信任。

作为一个企业领导者,你拥有自己的公司和自己的员工,你首先应该明白,从人格角度和自然人的角度来看,你和你的员工之间是平等的,没有高低贵贱之分,从这个意义上说,你是毫无特权可言的。甚至你手中"赏罚"的权力，都必须是在员工认可的前提下才能使用，所以你可以炒员工鱿鱼，员工也可以另谋高就，当员工炒你的"鱿鱼"时，你会发现一切的"赏罚"都会变得毫无用处。那么，你用什么来体现自己的老板价值呢？很多老板都会不约而同地告诉我们同一个答案：自然还是作为一个老板的威信。

1543年，一艘满载乘客的西班牙客船"英格丽"号，驶向了通往美洲的彼岸。但是不幸的是在一天夜里，它撞到了冰山上，在侧舷上撞了个大窟窿，迅速下沉。顿时，人们惊慌失措地拥向甲板，眼看大事不妙。这时，船长惠灵顿镇静地站在指挥台上说："大家安静，为了我们能安全地离开，大家要听从我的命令！把救生艇放下去，妇女先走，其他乘客跟上，必须把所有人救出去！"船长威严的声音，稳定了人们的情绪，当大副报告"再有20分钟船将沉没海底"时，他微微地笑了一下，并再一次命令："时间足够，大家要有秩序，如果哪个男人敢抢在女人的前面，老子一枪崩了他。"于是，没有一个男人抢在女人前面，一切都进行得井然有序。很显然，在生死关头，人们是不大会服从船长的"权力"的，而正是船长通过高尚的人格所树立的威信使局面得以控制。因为在他要抢救的60人中，竟把他自己排除在外！他没做一个手势，没说一句话，就随船沉入了大海。这就是"权力"所无法比拟的威信的力量。

威信是一种客观存在的力量，是一种使人甘愿接受对方影响的心理因素。任何一个老板，都以树立威信为自己的行为目标。威信使员工对老板产生一种发自内心的、由衷的归属和服从感，就如同儿子服从父亲的感觉一样。诸多的例子表明，当一个组织的行政领袖和精神领袖协作的时候，那么这个组织的战斗力将得到最大的发挥。当二者不同的时候，组织中的普通人员更倾向于行政领袖，优秀人员更倾向于精神领袖。相对于权力，威信是一种软实力。从某种程度上说，权力是既定的、外在的、带有强制性的；而威信则是来自下属的一种自觉倾向。你可以强制下属承认你的权力，但却无法强制下属服从你。

方式 73　维护下属的自尊心和荣誉感

关键词： 自尊心·荣誉感·尊重下属

适用情境： 想得到下属的拥护与合作时，需运用此方式。

一个聪明的企业领导者始终都会把"人的因素"看作是他的企业兴旺发达的一个关键因素，领导只有得到下属的拥护与合作，才能在企业生存与发展下去。如果失去了下属的拥护和支持，也就失去了力量的源泉。与下属的关系恶劣，就像走在泥沼中，无处可以用力，无处可以使劲儿。虽然你发了号令，但是没有人响应，这种情况下要完成工作几乎是不可能的，领导者的个人地位也就岌岌可危，更别说企业的提升。

下属也是人，是有血有肉的人，作为领导，就要维护他们的自尊心和荣誉感，从工作上、生活上，无微不至地关心他们。要尊重敏感的下属的自尊心，讲话要谨慎一点，不要当众指责、批评。同时也要注意不要当着他的面说别的下属的毛病，这样他会怀疑你是不是也在背后挑他的毛病。要对他的才干和长处表示欣赏，逐渐弱化他的防御心理。

一位著名的演员带着他的徒弟参加一次演出的彩排，在排练中这位名角的徒弟指了指他师傅的鞋子，示意师傅的鞋带松了，老演员慈祥地看着徒弟说：谢谢你的提醒，你的观察力真不错！然后蹲下身把鞋带系上了，但徒弟一走开，这位师傅又把鞋带解开了，旁人看到了就问他怎么这样，他回答道："我的徒弟能发现我的鞋带松了，证明他有很强的观察力，我要肯定他的发现，为什么我又松开鞋带呢，因为我的角色是一位旅途劳累的学者，用这样一个动作来表示他的劳累。"旁人问，为什么不告诉徒弟真相呢？演员说："以后有很多的机会去向他传授这些知识，但现在我要鼓励他的积极性。"这位演员的行为其实是非常值得我们学习的。

领导者在批评下属时，一定要注意选择合适的场合和适当的时机，并采取正确的方式。一是要搞清楚下属是否真正犯了错误及错误产生的原因，这样可以使批评有的放矢，避免盲目性；二是要注意批评的场合，一般应尽量缩小批评的范围；三是要考虑下属的个性特点，选择其易于接受的批评方式。

有的下属自尊心特强，性格敏感、多虑，这样的人特别在乎别人对他的评价，尤其是领导的评价。有时候哪怕是领导的一句玩笑，都会让他觉得领导对他不满意了，就有可能导致焦虑、忧心忡忡、情绪低落，甚至还会导致失眠，遇上极端的下属，他们甚至还会选择自杀。

遇到这样的下属，领导要谨慎地对待，不要随便地埋怨，要多给予理解。在帮助的过程中，多指导，少讲自己的意见，意见多了会让他觉得你不信任他，给他一些自主权，让他觉得自己能行，而你在旁边则多多地给予他鼓励。

现在很多企业领导者抱怨做生意累，问及原因，多是由于在人员管理上花费了大量的心血，但效果很差。人员管理不好，意味着没人帮着自己赚钱，企业的效绩就堪忧了。管不好员工，其实应该更多地从领导身上找原因，这更多的是因为老板走入了管理的误区。但时至今日，对管理问题的理解和把握，模糊者有之，偏颇者有之，曲解者有之，这在很大程度上制约和干扰了我们正确地从事管理实践活动。

方式 74 把团队成员的力量凝聚在一起

关键词：团队领导·运用组织·完成事业

适用情境：当团队内成员总是孤军奋战、无法完成团队任务时，运用此方式。

每一位领导，都不能离开组织而独立存在，即便是远古时代，也是如此。只不过在那个时候还没有组织的形式出现，其方法运用得也朴素，组织的技术性、逻辑性、严密性和科学性，和现在比较起来，显得十分落后。

运用组织，是一种高超的领导艺术。运用组织时，领导的思想与方法，权变与技巧，眼光与睿智，手段与策略，都缺一不可。能否灵活地运用组织，全在领导心灵的感受与魄力、捭阖的气度与雅量。其中的神妙奇特之处，只可意会，不可言传。

乔丹是智利宗座天主教大学的管理学教授，也是 Vertical SA 公司的CEO。Vertical SA 公司利用登山和其他户外体验活动，教授领导技巧和团队战略。乔丹说，许多人前来参加 Vertical 的冒险活动时已具备了领导力的理论知识，或者就在公司中担任领导者。但是，将这些人放在冰山或高山上，去掉了西装革履和繁文缛节，他们就能被迫去体验领导力的原始性质。

"探险是对瞬息万变的企业界挑战的最佳模拟形式，因为户外环境的现实是无法逃避的，其带来的后果也是你会亲历的。"乔丹解释说，"食物和水资源有限，必须认真管理。野外的生存设备很不完善，建立清晰的沟通系统就显得更加重要了。大自然变幻莫测，根本没有时间坐下来就一个行动的利弊进行辩论。"

在登顶时，团队合作尤其重要。Vertical SA 曾经带领一支由 11 名登山者组成的探险队来到世界第四高峰——喜马拉雅山脉的洛子峰。乔丹解释说，因为登顶的挑战实在太大，加上其他因素，在许多探险中通常只有 3 到 4 名登山者被选中进行登顶尝试。但是这次的情况不一样，队伍里的每个人都渴望登顶，并且也有能力登顶。"我们开始讨论，有人就说，'为什么不能都去呢？'我们最初的反应是，'那不可能。'"

在进行了充分考虑之后，这个队伍分成两个小组，分别在连续的几天内登顶——这在 Vertical 还是第一次。乔丹说，这个团队的成功关键在于，领导者愿意考虑其他的候选办法。

"在商界，团队成员必须相信团队会用开放的眼光来看待他们提出的新观点，即使是那些看似异想天开、完全不着边际的观点。然而，团队成员还必须愿意表达和解释他们的想法。在商界摸爬滚打就如登山探险，在必须做出困难决定时，唯唯诺诺的人是没有位置的。"

他还指出，如果没有一个有共同愿景的坚定团队，领导者就是不完整的。"成为好领导的基础是能够建立一个坚定的团队，这个团队能够平衡技术、个人和社会技巧，确保在每个成员身上都反映出团队的核心价值。"他说，"在这个世界上，很少有人能单枪匹马获得成功，不论是经营企业，还是攀登世界最高峰。"

作为领导，要依靠能力使组织中所有成员团结得像一个人，使大家的思想、信念、行动都演化成一个整体，成为"一"。领导更要以此为目标，力求整个组织达到"一"，以"一"为中心，让全体成员认识到：组织成功就是我成功，组织失败就是我失败。

方式 75 给团队成员一个坚定的信心

关键词:团队领导·信心·意志

适用情境:当团队内成员对企业的发展没有信心,从不期待成功时,运用此方式。

员工的心是从众的,是趋利避害的,一个几千人的团队,当看到危险看到灾难的时候,大部分人是保持不了坚定信心的,大家是恐慌的,是沉不住气的,是忧虑的,这是人性。

作为一个未来的领导者,一定要懂这个人性,一定要懂自己,其实这些都不可怕,很正常,要命的就是这团队中的1/5甚至十分之一,这些人不能动摇,这是团队的主心骨。所以在危险降临一个团队时,就给团队中的每个人两种选择,这是一个选择题,你愿意当这个1/10?还是愿意当一个普普通通的、平平凡凡的9/10?当这个1/10很不容易,因为大家都看不到希望了,大家都迷失方向了,就这些人坚定地、义无反顾地往前走。

有一个类似心理测试的娱乐节目,一共有 10 个人参赛,共有两个答案,一是 A 答案,一是 B 答案,同意 A 答案的站到 A 球底下,同意 B 答案的站在 B 球底下。10 人中有 1 个专业人士,算是权威,结果他在选择时,看到有 9 个人都站到 A 球底下,他一开始坚定地认为 B 答案是对的,但当他看到 9 个人都站到 A 球底下时,他犹豫了,他就不由自主地、犹犹豫豫地也站到 A 球底下了,等答案公布的时候,他错了,"哗"洒了一头灰。这头灰专门洒在他的头上是怎么回事?原来那 9 个人不懂无所谓,因为他们是非专业人士,是普通人,可这个人是专家,在团队中就是干部,应该是团队的核心,团队的核心就应该发挥自己的特长,保持冷静的头脑,在纷扰、迷茫中能有一双慧眼,就应该跟别人不一样,就应该比别人更坚定,更耐得住寂寞。这也是为什么有些人能够成为领导、团队的核心、班组的骨干、项目的带头人,他们的威信就是在大家犹豫不决中奠定的。

如果员工从不相信、从不期待成功,那么摆在员工面前的永远都只会是一连串的"不可能"。领导要对自己充满信心,始终坚定自己的意志,这是获取成功的前提条件。无论一个人受教育的程度有多高,也不论他的智商有多高,一个没有信心的领导,永远都不可能获得成功。团队也一样,只有对团队有极强的自信心,团队才可以发展壮大。所以,领导必须要给员工一个坚定的信心。

方式76 利用团队成员之间的竞争调动其积极性

关键词:竞争激励·调动积极性·提高工作效率

适用情境:当团队内成员工作没有积极性,工作效率不高,业绩平平时可运用此方式。

领导要在团队中运用竞争激励机制。一个好的、正规的企业需要对管理人员进行人力资源管理基本知识的培训,特别是竞争激励技巧,越是高层管理人员,越需要学习;经理人要向米卢学习,想方设法调动下属潜能,提高工作业绩。只会年初制定指标、年底考核验收的管理方式已经不合时宜了。

竞争激励的第一步是摸清员工的需求、不满,所以领导者都要会做员工满意度调查,然后对症下药;竞争激励不是喊喊口号"以人为本"就行,需要制度化;竞争激励要做成"自助套餐"形式,让员工有机会参与其设计。

美国西南航空的内部杂志经常以"我们的排名如何"这篇文章,让西南航空的员工知道他们的表现如何。在文章中，员工可以看到运务处针对准时、行李处置、旅客投诉案等三项工作的每月例行报告和统计数字，并将当月和前一个月的评估结果做比较，制订出西南航空公司整体表现在业界中的排名。还列出业界的平均数值，以利员工掌握趋势，同时比较公司和平均水准的差距。西南航空的员工对这些数据具有十足的信心，因为他们知道，公司的成就和他们的工作表现息息相关。当某一家同行的排名连续高于西南航空几个月时，公司内部会在短短几天内散布这个消息。到最后，员工会加倍努力，期待赶上同行人员。西南航空第一线员工的消息之灵通是许多同行无法相比的。

沙丁鱼被渔民从海中捕捞上来以后，不论采取什么方法，都很难保障它存活较长的时间，因此在市场上，活沙丁鱼的价格一直很高。欧洲北海有一个小渔村，这里的渔民从海里捞了沙丁鱼后，能让它活着被送到市场去卖。这一现象引起了其他地方渔民的注意。

经多方了解，人们终于知道了秘密。原来，当地的渔民在捕捞沙丁鱼时，事先在鱼舱里放入几条沙丁鱼的天敌——鲶鱼。渔民把捕捞上来的沙丁鱼放进鱼舱后，沙丁鱼始终被鲶鱼追赶，处于疲于奔命的紧张状态，正是这种紧张状态使得沙丁鱼有了活力，从而得以长时间存活。

沙丁鱼和鲶鱼是生存与竞争的关系。沙丁鱼要想生存下来就必须快速地游动，以逃过鲶鱼的捕杀。同样，鲶鱼为了生存必须要快速地接近沙丁鱼，吃掉它。沙丁鱼虽然在这场竞争中疲于奔命，得不到一刻的喘息，却因此而保持了肌体的活力，得以生存下来。

在商业社会也存在着鲶鱼效应。竞争是现代企业的一种常态，拒绝竞争也就拒绝了生存。如果没有其他企业的竞争，企业就会慢慢僵化，甚至死亡。一个团队也是这样，失去竞争，会使团队失去活力，个人的积极性难以调动起来，工作效率日益衰退，团队难以对外界的刺激做出正确的反应，严重的会导致整个团队的衰败。

日本松下公司每季度都要召开一次各部门经理参加的讨论会，以便了解

209

彼此的经营成果。开会以前,把所有部门按照完成任务的情况从高到低分别划分为 A、B、C、D 四级。会上,A 级部门首先报告,然后依次是 B、C、D 部门。这种做法充分利用了人们争强好胜的心理,因为谁也不愿意排在最后。

激励约束机制需要一整套的配套制度来支持,每个企业的激励机制都不会完全一样,"世界上没有相同的两片树叶",因为行业背景、发展阶段、发展战略、公司文化等都不一样。别人的美餐可能就是自己的毒药,所以一定要根据自身情况设计自己的激励约束机制,进行个性化设计。处于困难时期的企业不要以为激励机制的建立排不上日程,因为"分蛋糕的方法会影响蛋糕的大小",激励就是"分蛋糕的方法"。经营状况好的企业也不要以为自己的激励就不需要创新了,人在不断变化,激励也需要不断创新。

方式 77 对于团队内的"小圈子",要正视并正确引导

关键词:成功瓦解·小圈子·团队领导

适用情境:当团队内部存在"小圈子"现象时,可运用此方式。

每个公司里都普遍存在着一种现象:小圈子。不同的小圈子一起繁衍出一个公司的企业文化。只要有公司存在,就有小圈子生根发芽的土壤。而小圈子的荣辱兴衰,也能从一个侧面反映出这个公司在某种人事上、管理上、文化上的变更交替。

从踏进写字楼的那一刻起,你已经不再是自然人,而是不自觉地扮演起一个不折不扣的社会人的角色。既然是社会人,就要不可避免地面对各种矛

盾、困窘的袭扰。这个时候，约上公司里几个谈得来的同事出去小聚一时，彼此倾诉内心的苦闷，聆听对方的点拨，能使你疲惫的身心得到片刻的放松，那种释怀的愉悦，便显得弥足珍贵。而这三两成群的小圈子也在一次次的重复交往和吐故纳新中悄然形成了。

张先生在一家 IT 公司行政部工作，由于在老板的心目中，销售、市场、研发等部门是公司的一线部门，属于老板的嫡系；而人事、行政、办公室等部门的地位相对较低。每当裁员风声趋紧的时候，这个部门的员工最容易得到老板的"眷顾"。都处于共同境遇，使这几个部门的难兄难弟自然走得近些，久而久之，也形成了一个小圈子。他们在纷纭复杂的公司环境中相互关照，渐渐成了无话不谈的铁哥们。在一次裁员前夕，他们几个在小酒馆里激情相约：敢动咱们中的一个，就给他集体撂挑子！

然而，当张先生真的得知自己即将被解聘时，那些个昨晚还"对天盟誓"的同仁，却把当初的承诺忘在了脑后。除了惋惜、安慰之外，只有一句听起来还有几分务实的话："我也不知道还能为你做些什么？"这些"铁兄弟"对一起撂挑子的"兵谏誓言"却只字不提。通过这件事情，张先生感到小圈子的力量是多么的薄弱。毕竟人都是现实的，危机时刻首先想到的只能是明哲保身。

对于公司的领导者来说，公司里形成诸多的小圈子，在他们眼中纯属员工私事，不足挂齿。尤其是形成两个泾渭分明的小圈子时，公司领导者才会没事偷着乐呢！毕竟两个小团体的不同风格，对于自己的管理艺术是一个很好的锻炼。如果两派抗争起来，也一定会请自己充当裁判。高明的领导者多采用抹稀泥的做法，各打 50 大板。越是这样，自己的宝座才坐得踏实安稳！因此，对于上司来说，多几个小圈子也没什么不好的。

毋庸置疑的是，小圈子有时候也容易成为办公室流言的发源地、不和谐因素的大卖场。更有甚者，由于对职业化理解程度的差异，不同的小圈子中的个别人还会相互攻击贬损，一时间弄得公司内部谣言四起，人心惶惶。不仅对公司的企业文化建设不利，而且对每一个人的成长也造成了负面的影响。因此，正视它的存在并加以正确引导，使之形成一个个风格各异但却能产生向心力的团队，更是考验一个企业领导者管理艺术高低的一块试金石。

作为领导者，你可以看看华为是如何对待员工形成的"小圈子"的。

华为的老员工与新员工，是两个极；垄断行业与其他非垄断行业，是两个极。在许多企业，有的部门甚至有的员工配有小汽车，可以公车私用，上下班代步或者干脆就跟私家车一样，其他的部门或员工却没有，要么挤大公交，要么自己买。

同一个公司，有富裕阶层和相对贫困阶层，有干部阶层和群众阶层，有资深员工——既得利益者，有新员工——一无所有者。这是老板的策略，人为地拉开员工与员工的差距，让一部分人先阔起来，以造成一种竞争的态势，可以刺激员工的上进心，创造财富。

这种计策有两种主要用途：其一，有利于瓦解帮派。例如，当贫困阶层对富裕阶层产生不满的时候，可以把他变成富裕阶层，当他的处境改变，他的想法就会发生 180°的大转弯；其二，可以制造落差，刺激竞争，提高劳动生产力，提高单位成本的产出率即效益。

但同时应该注意到，这个计策有副作用，就是产生了矛盾，可能发生派系斗争。如果老板没有能力控制，最好不要搬起石头砸自己的脚。

第十一章

"培养式"领导
基业长青的永续力

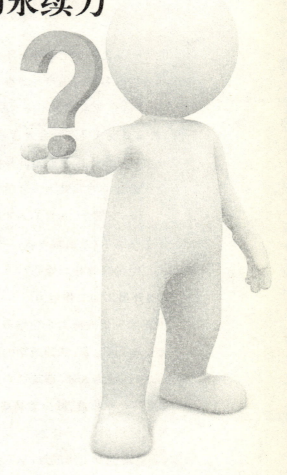

企业的竞争力归结为人才的竞争，培训也是创造企业价值的最有利的手段之一，而一支健全、完善的人才队伍是需要企业自身培养的。领导者的一个重要责任就是让他（她）的下属健康成长起来。

方式 78 不失时机地培养和培训下属

关键词:"培养式"领导·人才培训·增加竞争力

适用情境:人才是企业竞争力的体现,要增强企业竞争力,需运用此方式。

世界一流企业均把培养人才列为首要。日本松下电器公司有句企业界所推崇和赞赏的名言:"出产品之前先出人才。"其创始人松下幸之助更强调:"一个天才的企业家总是不失时机地把对职员的培养和训练摆上重要的议事日程,教育是现代经济社会大背景下的杀手锏,谁拥有它就预示着成功。只有傻瓜或自愿把自己的企业推向悬崖峭壁的人才会对教育置若罔闻。"

企业的竞争力归结为人才的竞争,培训也是创造企业价值的最有利的手段之一,而一支健全、完善的人才队伍是需要企业自身培养的。摩托罗拉公司培训部主任比尔·维根索恩说:"我们的培训收益大约是所需投资的 30 倍。"培训员工能带来哪些好处呢?

1.提升员工的工作能力

中国的应试教育为企业培养了一批"理论家",与实践严重脱节,企业内训是使这些"理论家"快速成功的有效途径,也是企业获得优秀员工的必由之路,可以快速锻炼人才、造就优秀人才,从整体上提升员工的素质。

2.提高企业收益,减少差错率

员工经过培训,工作水平、工作态度、实际操作能力得以提高,工作误差减少,明显地提高工作成效,从而提高企业收益。一个优秀的企业必须要有完善的传承机制,将成熟的经验、成功的方法传授给新人,从而缩短新员工的成熟时间,使企业保持竞争优势,达到赢利的目的。

3.提高员工士气

一般来讲,员工都渴求不断充实自己、完善自己,将自己的潜能发挥出来,以争取更美好的未来。企业领导者应重视员工的这种自尊、自我实现的心理需要,激发、满足、推动这种员工的自我驱动力,培训就是一个最好的满足方式,帮助员工实现自我价值,从而提高士气,带来工作的高绩效。

4.降低人才流失率

现代企业员工,在工作中希望获取更多报酬的同时,同样渴望有学习成长的机会,力求上进。有效的培训不仅帮助员工提高技能,有效地减少工作压力,增加工作乐趣,更能满足员工力求上进的要求,从而可以减少人才流动率,降低企业人力资本。

5.提升管理,改善沟通

培训是一种有效的沟通渠道,领导者不仅是企业的决策者,而且是下属的培训老师,不仅要将自己的工作技能、经验传承给下属,更要将自己的管理要求、企业要求传输给员工,这样能与员工建立共识,共创远景。美国通用电器前总裁杰克·韦尔奇,每年要花 1/3 的时间亲自培训高级主管,就是一个很好的证明。

6.能树立更好的企业文化

通过培训,员工会感激领导者为他们提供的使自己成长、发展和在工作中取得更大成就的机会,能力与素质的提高更使他们专注于工作。同时,担当讲师的经理、领导者也通过培训总结问题,从而也在提高。这种相互促进、改善、共同受益的风气正是形成企业深厚文化底蕴、保证企业持续发展、不断进步的基石。

7.使顾客满意

通过训练的员工可以保证为顾客提供优质的服务,从而提高顾客的满意度，一切良好的服务唯有通过员工去实现，并由此影响顾客的购买决策，并会向周围人士谈论、传播，从而建立良好的口碑，为企业带来更多的效益。

8.战胜竞争对手

竞争是一个横向的比较，只需与对手相比，存在一个特定优势就能取胜。人员优势不是竞争优势的重要方面，通过培训较容易实现人才优势胜过竞争对手。

9.适应变化的环境

面对着不断变化的生存环境，新技术、新方法层出不穷，我们必须培训员工提升新观念，掌握新技术、新方法来适应新环境。

10.能树立更好的企业形象

一个优秀的企业必定是一个重视员工培养、有着完善的培训体系，并进行成功的培训。

上述的特点综合作用就会产生更好的企业形象、良好的口碑，从而带来更高的顾客满意度、员工满意度，带来更好的企业效益，从另一方面强化培训的效果。

方式 79 培训员工时一定要抓实效

关键词：培训员工·抓实效·出成效

适用情境：培训员工时，需运用此方式。

大多数企业都重视员工培训。但从实践来看，真正领悟培训之道者少，"克隆"形式者多。结果，用心良苦的培训并没有得到良好的收益和效果。之所以出现这种情况，是因为对员工培训还有些理解和认识上的误区。这些理解和认识上的误区有很多，但大体有以下六种：

1.对培训认识不足

一是不重视培训。不重视培训的表现是多方面的，如：有企业领导者认为，现在的员工想法多，流动性大，花费大量的人力、物力、财力培养了他，但却留不住，为他人做了嫁衣，得不偿失，所以不培训。这种情况在民营企业更为普遍。有些企业认为企业效益还好，员工的素质还可以，能够满足企业当前的需要，暂不培训。有些企业培训了几次员工，就想立竿见影，马上见效，出现典型的急功近利心态，等等。

二是培训"万能论"。一些企业在重视员工培训的同时，又进入一个误区，就是过分强调培训。员工技能不足了，培训；销售业绩下滑了，培训；服务态度不好了，培训……只要有危机，就会想到培训，把培训当成是解决管理问题的万能钥匙。殊不知人是最难培养的，"十年树木，百年树人"，员工成才需要一个过程，还有其他许多不确定因素，仅靠几次培训就解决企业问题是远远不够的。

以上两方面都是对员工培训认识不足的表现。

2.培训只针对员工

　　有些企业也重视员工培训,却只对基层员工进行培训,忽视了对管理层和决策层领导的培训。这主要与管理层的认识有很大关系。企业高层管理人员认为自己经验丰富、工作忙,不需要培训。实际上,一个企业高层管理人员的素质往往决定着企业的方向和未来。中国许多企业的领导人都是由昔日的员工逐步成长起来的,他们缺少相应的管理知识和必备的管理技能,他们最需要培训。有报道说,中国的企业平均寿命是 3.7 年,这与中国企业缺少"懂经营、会管理"的企业家有密切关系。因此,企业必须高度重视对领导者的培训。恰当的做法是组织领导者进行专题学习,还可以将他们送到产生企业家和经营者的训练基地,或者到国外企业去"挂职",开阔眼界、拓展思路,使其在决定企业经营方向、生产营销规划、分配制度和人力资源配置等方面发挥重要作用。

3.轻视培训评估和监督

　　培训评估是培训效果监督、检验的重要环节,只有对培训进行全面评估,才能改进培训质量,提高培训效果,降低培训成本,提高员工的参与兴趣。在现实中,有些企业很重视培训,并为员工提供了众多的培训机会,但却忽视培训的后期评估和监督,使许多员工感觉学而无用。有些企业虽认识到培训评估的重要性,但对评估的投入不够,或者不知道从何处着手进行评估。更多企业的评估仅仅是对培训内容进行考核,并没有深入到员工的工作行为、态度改变、绩效改善、能力提高,及为企业带来的效益上,评估工作停留在低水平层次上。还有些企业缺乏对培训评估系统的记录,并没有将评估所用的方法、员工的学习情况、测试情况进行完整的记录和比较,缺乏对培训的专业管理,没有建立完整的培训信息系统。

4.培训方式过于简单

　　在培训方式上,许多企业都运用传统的模式进行。有些企业怕麻烦,往往请培训师到企业上课,即采取"培训师讲,学员听"的方式。这种方式举办的少还行,时间长了,员工就会感到厌倦,提不起兴趣。因为培训师在培训内容、培训方式上大都千篇一律,即使做了培训前的调查,但实用性的东西很少,即使有,也仅仅是隔靴搔痒,没有多大的关联。还有些企业采取放录像的方式,认为这样做既降低了企业成本,又可以灵活掌握培训内容,使员工认为"培训就是放录像"。这些方式都很容易使员工对培训产生枯燥、乏味的感觉,使培训效果和培训效益大打折扣。国外探索出的讨论式、学习式、讲演式、游戏式、案例分析、模块培训、拓展训练等方法值得我国企业借鉴。结合企业实际,将多种培训方式有机结合,会使培训效果更好。

5.盲目跟风

由于对培训没有做认真的调查与分析,有些企业培训员工没有针对性和实用性,脱离工作实际,盲目跟风。有些企业领导往往根据自己的喜好、判断、经验来设置培训内容。看到别的企业进行"礼仪形象讲座",自己也办一场;看到别的企业培训"执行力"或"学习型组织",赶忙邀请有关专家进行辅导,等等。这样的培训导致员工重复学习或被动学习,既耗费了员工的时间,又浪费了企业的资源,对企业发展没有多大帮助。

6.重视知识技能培训,忽视做人培训

国内的企业一般重视对员工技能方面的培训,如组织协调能力、管理理论、合作精神、操作技术等,而忽视了对员工思想、人品、道德、为人处世的培训。有些人认为这是员工自己的事情,其实不然。员工的个人修养、谈吐实际上是一个企业的名片和形象,是企业文化中最本质的东西,它从根本上决定着员工的做事态度、工作质量和水平。欧、美、日企业很重视员工的做人培训,把它称为"态度培训",通过这种培训去提升员工士气,培养员工对组织的忠诚,培养员工应具备的意识和态度。企业是一个大家庭,员工就是这个大家庭的成员。家庭不仅要教育成员成才,还要把员工培养成有理想、有道德、讲信义的人。

方式 80 把培训当做对员工的奖励

关键词：栽培下属·培训员工·个人发展

适用情境：帮助下属个人发展，用培训的方式调动下属的积极性时，需运用此方式。

在一家公司工作的小 A 很有工作能力，有多家公司曾经表示愿意要以更高的薪水聘用他，但都被小 A 婉言谢绝了。小 A 表示，他之所以安心工作，就是喜欢这个公司的奖学金制度。小 A 说，很少会有老板愿意出大钱为人才的培训买单，这实在很冒风险，说不定就会给他人做嫁衣。公司这样做，人才更会心存感激、努力工作。即便今后换了工作，也不会忘记以前老板的好。

"人才—服务—利润"的核心理念能让人才感受到，公司对下属是多么关心。以心换心，人才就会从内心感到应该把自己的工作做好、做出色。公司把人才看做自身的家庭成员，人才也会把公司看成自己的家，双方都会希望家业兴旺。

当一位成功的民营企业家被问及一个敏感的话题：在激烈的人才竞争中，你们公司是依靠何种方式吸引和留住人才，而保持目前良好的发展态势的？民营企业家没有丝毫的回避之意，异常镇定和自信地脱口而出：给人才"奖出路"！看着大家满脸的困惑和不解，他道出了自己公司的具体做法。所谓"奖出路"，就是把那些有上进心、肯吃苦、爱动脑筋又勤奋好学的人才，由企业出资送他们脱产进修。这样既激发了员工学习、钻研业务的热情和积极性，又增强和提高了员工的理论知识水平和技能素质，同时也为企业培养了各种急需的人才,可谓一举多得！再退一步讲,让大家多学点本领,即使公司垮了,员工也可以用所学的知识和技能谋生。

一份调查显示,很多员工一直将培训和职业发展列为雇主应该提供的两种最重要的东西,其热衷程度甚至超过了对薪水和福利的渴求。他们希望自己的职场事业有所发展,更希望能被提升。如果他们看不到近期的前景,那他们就会掉头离开,另找前途。如果某人开始考虑其他机会,那他就不会再全身心地投入,或者已经没有投入工作的激情了。如果公司以更高薪水来挽留,这个人通常也会在 6 个月内离开。可见,用薪水留人已经是一种低级的做法了。帮助人才"个人发展",无疑显得棋高一着,努力培训员工,更容易使职工产生归属感和信任感,成为企业留人的最佳方式。

方式81 让下属超过自己

关键词: 培养式领导·培养下属·超过自己

适用情境: 当总是怕下属超过自己而使自己不被重用时,可查用此方式。

虽然领导者培养自己下属的必要性已经很明了,但在实际执行中,很多领导者还有不少顾虑。作为领导者,应该具有以下正确的认识:

1.培养下属是"水涨船高"而不是"水落石出"

很多领导者都知道应该培养下属,但有的人会担心:下属培养起来后,是否会取代自己的领导地位?很多领导者正是出于这样的顾虑,停滞了对于下属培养的步伐。实际上,培养自己的下属是一件"水涨船高"的事情。下属的能力强,作为领导者也可以跟着学习新的技能,这其实是一种双赢的结果。

（1）很少角领导因出色地培养下属而被解聘

很少有领导因为培养自己的下属很出色,就被解聘了。如果你的领导认为你培养的下属已经可以接替你的工作,你就没有什么价值了,那么这种短视的领导也不值得一起去共事。这样做等于给别人树立了一个很坏的样板,别人肯定再也不敢培养自己的下属了。这对于整个企业来说绝对是一种错误。

（2）下属的绩效直接影响领导者的绩效

领导者如果不想独自承担所有的重任,那么就得造就人才。领导者将所有的事情都揽过来做是不可能的。领导者要懂得抓大放小,知道什么是20%的问题和20%的目标。领导者的成功其实就在于如何最大限度地利用下属这个资源,利用越充分,领导者的绩效也越大,因此下属的绩效直接影响到领导者的绩效。

（3）领导者获得更多的时间学习新技能,下属变得更自信与感激

如果每个下属都完成自己的工作,每个下属都愿意完成领导者的工作中的一部分,那么领导者就会变得相对比较轻松,就可以腾出更多时间来学习知识、技能,学习下一个职位所应该具备的知识技能。这是领导个人往前发展的开始,而下属也会因此变得更有自信,更为感激。所以,不管从哪个角度讲,培养下属,对领导者和下属来说,是一件共赢的事情。

2.不要忘记,领导者自己也曾得到过别人的培养

《根》的作者是美国的黑人作家哈利,他曾经在他的办公室挂了一幅画,画的内容:下面是几个栅栏,有个木桩子戳在那儿,木桩子上面有一只小乌龟。问题是乌龟怎么爬到木桩子上去的。作者说这幅画上的小乌龟就是比喻他自己,他今天之所以有这么高的成就,能够在这小木桩子上待着,那是因为当年有很多的人曾经帮助和支持的缘故。他以这幅画来提醒自己:有了一定成功和地位的时候,也应该以同样的心态来对待年轻人,辅助他们成长是自己的责任,也是对于曾经支持过自己的人最好的回报。

领导者应该培养下属的另外一个原因：领导者也曾经得到过他人的培养而成长。正是因为当初那个领导给了足够的信任和提拔，今天的领导者才有现在的成就。所以，培养下属也是领导者义不容辞的责任。从这个意义上说，领导者要以同样的感恩心态来对待自己的下属，鼓励所有的领导者多培养自己的下属。

方式 82　用心培养有潜质的下属

关键词：培养式领导·开发潜力·尊重下属

适用情境：培养下属，开发下属潜能，可运用此方式。

IBM 实行了非同一般的激励制度，对于那些优秀的创新者不仅是一种有效的报酬，也是强有力的促进剂，更是一种最经济的创新投资手段。IBM 这样做最大的目的就是利用员工的创新精神，来加以诱导，从而辅助和开发其最大潜能。IBM 为当代的企业奖励制度树立了典范。

IBM 公司作为世界上最大的计算机制造公司，该公司为激励员工的创新欲望，促进创新成功的进程，在公司内部设立了一系列的别出心裁的激励创新人员的制度。该制度规定：对有创新成功经历者，不仅授予"IBM 会员资格"，而且对于获得这种资格的人，还给予提供 5 年时间和必要的物质支持，从而使其有足够的时间和资金进行创新活动。

员工的能力包括了两个层次，一是表象能力，二是潜在能力。表象能力就是一个人现有的专业技术职能和行政管理职能，而潜在能力则包括一些尚未表现出来的能力，这就是人的潜能。这些能力的开发需要以下几个因素：

1.需要自身具有强烈的吐故纳新的愿望；

2.需要对外来因素具有一定的整合能力；

3.需要经过一定的环境影响和外力的诱导发掘出来。

关于人的能力的科学研究，目前国际上已取得了累累硕果。其中由创始人 Joe Luft 和 Harry Ingham 联合提出，并从这两个名字中截取而成，从而命名为 "乔哈里窗"，就是一个常被用来研究人的潜能的工具。他们把人的内心世界比 作一个窗子，它有四格：公开区、隐藏区、盲区、求知区。对于一个组织中的每个 人来说，他目前具有的知识层面只有公开区和隐藏区，公开区是企业或组织 中，人人具备的"你知我知"并充分发挥出来的领域，而隐藏区则是"我知你不 知"，自己具有的能力还没有充分发挥出来的那部分领域，盲区是"你知我不 知"的未知领域（或者说是他知领域），求知区则是我不知你不知的全新领域。 处理好这 4 个区的开发关系，对提高个人的整体素质有着极大的益处。

基于上面的分析，培养下属的方法一般包含如下几方面内容：

1.先心意，后智能

实际上，只有解决了心意问题，才可能真正解决行为技能问题。

这里的心意问题包括两个主体，首行是领导者本身，我们确实有培养下 属的愿望吗？其次才是下属。有些下属因各种原因不愿意与领导者配合，在接 受公司与上司培养方面持消极、懒散态度，这种情况确实存在，需要具体情况 具体分析并解决之。领导者的心意问题解决之后，才可以考虑到下属的心意 问题。而解决下属的心意问题，其关键要点只有一个字，即"诚"。如果领导者 在与下属接触过程中都能做到开"诚"布"公"，那么公事如培养下属之类，就 不在话下。

2.培养下属的内容，即 KASH

K 代表知识，A 代表态度，S 代表技能，H 代表习惯。K 知识可以分享，A 态度可以启发，S 技能可以训练，H 习惯需要慢慢雕琢塑就。

领导者一定要切记：培养下属时绝不能仅仅培养劳动/工作技能，即 Skill。

因为这样下属的态度肯定消极,不配合,导致培养效果大大降低,这叫吃力不讨好。

虽然公司老板可能是这么说的,"把那个某某某的×××能力给培养培养"。如果你直接培养某某某的×××能力,那可能就大谬了。老子所言"曲则全"者,岂虚言哉?有很多领导者觉得自己冤枉,明明老板那么说的,我那么做了,很辛苦。可是效果不太好,我也尽力了,但老板还批评我。其实,不冤,你只要"曲"一点,就什么都顺啦。

总之,所需要做的就是在组织内要营造出一种尊重下属、尊重员工的氛围。如果做不到这一点,总裁就需要外力进行修心开智,否则就一定会陷入"不浚源而求流之远,不固本而期木之长"的陷阱,如此则企业之危可日见矣。

方式83 培养下属的责任心

关键词:培养下属·责任心·责任意识

适用情境:下属缺乏责任心,没有责任意识,可运用此方式。

员工的责任心,就是企业的防火墙。其实,许多企业巨人轰然崩塌与员工的责任心缺失有关。而员工的责任心缺失,又与企业各部门领导培养员工责任心的能力有关。

2004年2月15日,吉林市某商厦发生特大火灾,造成54人死亡、70余人受伤,经济损失难以估量,对社会的负面影响更是难以用数字来形容。究其原因,这起特大火灾事故与吉林市这家商厦的员工责任心缺失严重密切相关。换句话说,这家商厦管理人员没有对下属的责任心进行培养及管理。

俗话说:润物细无声。需要责任心的地方,并不一定都马上涉及企业的生存,反而往往是那些看似无大碍的小节之处。而这些小节的积累,往往就注定了企业的命运。

前一时期,一位业内朋友聊到他遇到了一个令他费解的问题:他给一位企业老板发送一封电子邀请函,连发几次都被退回,向那位老板的秘书查询时,秘书说邮箱满了。可4天过去了,还是发不过去,再去问,那位秘书还是说邮箱是满的!试想,不知这4天之内该有多少邮件遭到了被退回的厄运?而这众多被退回的邮件当中谁敢说没有重要的内容? 如果那位秘书能考虑这一点,恐怕就不会让邮箱一直满着。作为秘书,每日查看、清理邮箱,是最起码的职责,而这位秘书显然责任心不够。

人们还经常见到这样的员工——电话铃声持续地响起,他(她)仍慢条斯理地处理自己的事,根本充耳不闻。有这样接待投诉的员工:一屋子人在聊天,投诉的电话铃声此起彼伏,可就是不接听。问之,则曰:"还没到上班时间。"其实,离上班时间仅差一两分钟,就看着表不接。也有一些客户服务部门的员工讲述自己部门的秘密:"5点下班得赶紧跑,不然慢了,遇到顾客投诉就麻烦了——耽误回家。即使有电话也不要轻易接,接了就很可能成了烫手的山芋。"这些问题看起来是微不足道的小事,但恰恰反映了员工的责任心。而正是这些体现员工责任心的细小之事,关系着企业的信誉、信用、效益、发展,甚至生存。那么,员工缺乏责任心的病根在哪里呢?

首先是各部门领导者不知道该如何体现和增强下属的责任心。这属于经验少、智慧不够、思维能力不足的表现。

其次是企业各部门的领导者思想懈怠或疏于管理监督,下属自然跟着懈怠。

再次是源于人的懒惰天性。企业内员工原本将规章制度执行得很好,时间一长自然懈怠,思想上一放松,责任心就减弱,行为上自然就松懈。体现在日常的工作中就是执行力下降,很多问题就是由此而生。

那么究竟该如何培养下属的责任心？

1.严格流程

要想保证下属尽职尽责，首先对业务流程、服务流程和管理流程等所有工作流程要科学设计，从流程上确保工作质量，只有流程上科学合理，才能高效。所有的经营管理事务工作都应流程化、标准化。没有流程化和标准化，就很难统一要求，每个人都由着个人的性子来，企业竞争力也就无从谈起。只要把流程设计得科学合理，做到了标准化，那么所有参与工作的人的岗位责任也就设计进去了；只要照此流程和标准去做，员工自然也就尽职尽责了。所以流程设计约束的是每个参与工作的人的操作行为。

2.强化制度监管

我们对下属按照流程和标准进行要求，而要求的内容，就是制度。制度是从物质上、精神上等多方面约束，是强迫下属按照流程标准来做、强迫下属尽职尽责的手段。如果说流程是流水的钢管的话，那么制度就是钢管之间的铆钉。企业要通过制度，让下属明白违反流程、不尽职的代价是什么？

监管是管理工作所必须的，监管分传统人力上的监管和技术上的监管，随着工作复杂程度的提升，技术监管也越来越重要。制度是死的，是条文性的东西，有了制度没有人监管，等于没有制度。监管者首先自己要遵守应该遵守的制度，其次还要破除情面，不徇私情进行监管，监管同样需要智慧，需要原则和灵活相结合。如果说制度是铆钉，那么监管就是上铆钉的工具，它可以让铆钉紧，也可以让铆钉松动；它可以让管道畅通，也可以让管道堵塞起来。所以监管直接决定着流水的管道、流水的效果。

3.教化人心

仅有流程制度和监管，下属就一定按流程和标准做了吗？显然未必。那就要通过行为教育来进行。如果说流程和管理工作是硬性的强迫性约束，那么行为教育则是让下属自愿接受约束，起到春风化雨的作用，这就是教化的作用。行为教育分两部分：一部分是对下属进行培训教育，另一部分是领导者的示范作用。

行为教育最好的方式就是领导身体力行。想要下属有责任心,那么作为企业各部门的领导者必须身体力行,起到模范的作用。领导一正能压百邪,领导邪一寸,下属能邪百里。如果只是要求下属如何按照流程和标准来做,要求下属严格按制度办事,而作为领导者却超越制度和监管,出了问题,领导率先逃避责任,那么无论怎么培训教育,下属的行为也不会好到哪里去。有些领导爱面子,惩罚自己觉得是丢人的事情,这是不够自信的表现。只有领导敢负责任,下属才能敢负责任。领导都担负不起责任来,下属的肩膀又能扛得动多大的责任重担呢?如果领导敢于担责任,那么下属就会不惧怕犯错误,就会勇于创新,大胆探索,为企业的发展献计献策,尽职尽责,这样,企业岂有不发展之理?

4.点亮下属的心

无论是通过流程设计和强化管理来约束下属,使他们尽职尽责,抑或是通过行为教育来让下属主动自愿接受约束,达到岗位尽职尽责的目的,这都是来自下属外部的压力和驱动力,那么要使下属做到自我驱动和约束,必须做好下属的职业生涯规划,点亮下属的心。

一般人们会认为下属的职业生涯规划是下属自己的事情,部门领导只是使用和管理下属。这是错误观点。要想开发出下属的最大潜能,使员工最大限度地为企业创造财富,那么就必须从下属的职业生涯上下工夫,真正帮助下属规划好未来的人生蓝图,点燃下属心中的灯火,让灯火照亮下属前进的道路。只有帮助下属做好职业生涯规划,下属才能明确自己的发展目标,才有可能增强自身的责任意识。试想,一名下属对自己都没有责任心的话,那他怎么可能对他人和部门有责任意识呢?所以,只有员工走得远,企业才能走得更远。

方式 84 培养下属良好的工作心态

关键词：良好心态·快乐工作·积极性

适用情境：面对在工作岗位上不快乐的下属，可运用此方式。

被称为"日本福特"的本田宗一郎出身农民，今天却拥有号称"日本第三"的汽车公司。本田成功的秘诀是什么呢？"上下一心，同甘共苦"——这是本田宗一郎成功的秘诀。

本田工厂是自动化生产，其设备和生产方式并无过人之处，可是其职工却是士气旺盛。本田工厂没有质量检查员，所有需要检验的零件，都是由负责制造的工人自行度量。厂内设有"品质控制小组"，每一个小组有十来个工人，上工前讨论当日工作、产品品质、改进方法、顾客投诉、安全措施和工作环境等一些问题。工人都有高度责任感，而且勤奋好学，钻研业务，产品因而得以不断改进。

有人说，使工人发挥出最大积极性，这就是本田最大的资产。本田坚持"公司由全体人员共同经营"的原则，包括每一个装配线上的工人在内。他说："人不是机器，如果一个企业把人和自动化机器置于同等的地位，这个企业是不会维持长久的。"

本田在工厂里，不摆老板架子。他像手下每一个工人一样，穿白色的机械工工作服，在工厂的食堂里吃饭，作风平易近人。他的员工们对他没有隔阂之感，亲昵地用他的绰号"老爹"称呼他。

出乎许多人的意料，靠技术起家、创立了"本田"汽车王国的本田宗一郎，并不迷信技术，更不认为技术万能。他说："我们生活中的许多问题，技术不能解决。不过，我是天生的乐观主义者。我相信人类的才能，人类自有回天之力。"

在工作岗位上不快乐的人，往往不会有好的工作表现，他们经常缺席而且极可能离职。

要让你的人员快乐地工作，可以从了解什么是他们的工作动机着手。认同感、成就感、金钱、安全感、归属感、良好的工作环境、升迁机会等，都是他们工作的动力。那些具有强烈动机的员工，会很认真地工作，即使天气恶劣，身体欠安，都无法阻止他们上班工作的热忱。

参考下面的一些建议，灵活运用在管理工作中，你的员工也能像本田员工那样快乐。

1. 记住这一点，你的员工和你一样，当他们喜欢自己的工作时，最能创造效率。要定期审查每个人员的各项工作内容，让层次不同的各级人员自己做出决策，并赋予他们责任，同时见成效良好时，便扩大其职权。但要记住，你对所有分配出去的工作，是永远负有责任的。

2. 尽可能提供最完善的工作环境。为你的员工花大笔的投资——给他们最新的现代化设备以及产品设备，提供完善的人文环境和交通设施。在工作场合，与其他一般员工共用餐饮室、停车场及盥洗设备。

3. 定期地召开会议以讨论员工的个别进展。记住你是他们的训练主管并负责培养他们的技能。

4. 目标管理应制定一个可以测量的标准，给你的部属一个明确的目标，告诉他们："今年你们小组每个月的销售目标是 12 栋房屋。"不要只是模糊地说："今年让我们大家一同来缔造一个佳绩吧，伙伴们！"

5. 评价每个员工的贡献。假如有的员工认为他们的工作内容无法评价，以此与你争执时，查阅一下他们的工作说明书，或设想一下如果他们离职，你会怎么想他们。

可以利用数据帮助员工评定他们自己的工作表现。日本本田工厂的做法是,那里的职工知道他们每天制造出多少部汽车。因为,厂房里生产表上的数据,会在汽车滑离装配线的同时,显示新的数字。但是,在一个不讲求效率的汽车工厂里,就连管理阶层,也可能不知道他们究竟生产了多少部车子。

6. 永远不要承诺你做不到的事。提出的奖励如果无法实行,对员工而言无疑是欺骗。不要让你的研究小组工作至深夜,事后却不去兑现已承诺的巴黎之旅。

7. 太过凶悍的管理作风可能会使你的员工感到自己无能,但这种管理方式已经日渐淘汰了。对员工而言,安全感是很重要的,但这并不表示你要提供一张长期饭票。没有任何公司能测知遥远的未来情况,对于坏消息要坦诚地告诉他们,并指导他们应变的方法。

8. 检查员工的出勤率和人员的变动情形,这些是提供员工是否有满足感的最佳指标。如果有的员工情绪不佳,很可能是由于身体不舒服的缘故。根据研究报告显示,在员工所请的病假中,有50%到60%是与压力有关,因此,你要设法减轻员工的工作压力。

9. 绝对不要表现得好像员工是你的附属品一样。你不能强迫他们下班后还要留下来加班,或要求他们周末还来加班。毕竟,每个人除了工作之外,还有另一个重要的生活要经营。努力培养员工更强的能力就能提高工作效率,那么,加班的情况自然就会减少。

10. 把每一个人视为一个单独的体系,考虑其各自不同的差异。有些人比较富有创意,有的则对数字比较敏感,有的人喜欢独立作业,有的则喜欢在小组中工作。当你聘用新人时,要仔细考虑这些不同的特质。

11. 经常勉励员工重视团队观念并加强合作精神。召集员工,把他们当做一个密不可分的工作小组加以训示,鼓励他们共同分担彼此的工作以加强小组的机动性,并提高工作的兴趣及归属感。

12. 公平地贯彻你的主张,但不要对特殊的人有所偏袒。不要让工作之外的友谊影响工作内的人际关系。虽然过去的同学或是一起运动的球友成为现在的工作伙伴，但有的人工作绩效很差，表现平平，那么，你对他们处置的方式要像你对其他员工一样，一视同仁，没有差别。

13. 不论员工的职务高低，你要尊敬每一位为你工作的人，永远不要摆出一副高人一等的姿态去面对那些年纪比你轻，或能力不及你的人。你的员工需要你的认同，但也不要随随便便就给予赞美。

方式 85 与下属一起学习、成长

关键词：共同学习·共同成长·培养能力

适用情境：要想成为下属的良师益友，必须运用此方式。

一项调查表明，企业员工的离职原因 80% 跟他的上级有关，足见上级对下属的影响力。强将手下无弱兵，更无散兵，培训就是你的秘密武器，其实，也是常规武器。因为上级还肩负着培养员工、发展下属的重任，作为你下属的良师益友，至少要扮演 4 种角色。

1.教育者

中层干部是企业文化的宣传窗口，上情下达，是领导者的例行性工作。无论是言传身教，还是耳濡目染，你都是下属心中的标杆、眼中的风向标。快乐会传染，消极更会感染，所以，领导者要特别注意自己的一言一行，一颦一笑，要以正确的舆论导向教育下属，让下属树立积极的心态和正确的价值观，认真负责并兢兢业业，这就是领导者的教育角色。

作为教育者，领导者必须了解下属的思想动态和行为表现，并找适当的

时间、地点、人物，及时沟通。如果企业政令不通，互相隔阂，小道消息，人云亦云；员工思想混乱，各怀心事，消极怠工，不务正业，在这样的工作氛围中，团队就失去了凝聚力和向心力，个人能力再强，也是散兵游勇，战斗力大打折扣。有一点需要特别指出，教育者，正人先得正己，否则免谈。

2.培训者

仅统一下属思想，还远远不够。想让下属将工作做好，既需要为他们创造条件，更重要的是让他们具备干好工作的能力，用而不教就不是一个合格的领导者。不能经验共享，不能技能互补，这个团队不是理想的团队。上级的个人能力再强，事无巨细，亲力亲为，甚至鞠躬尽瘁，惜乎你不是千手观音，亦无如来神掌，千头万绪是多少？你也不能代替下属完成所有的工作，反而影响了整个组织的业绩。团队中的个人英雄主义，永远只是高级办事员，累死也是活该。

"木桶理论"告诉我们，只有全员素质整体技能提高了，才能提高整体业绩。所以培训每时每刻，是领导者不可推卸的责任，让你的下属跟你一起成长。当然，给人一杯，自己要有一桶。在培训下属前，你自己得先学习，先进步，有备而来，否则，你拿什么教人呢？

3.扶持者

即使对下属进行了充分的培训，也并不能保证他们能够将工作做好。也许他们还不能将理解的东西转化为能力，也许他们遇到了新情况，甚至，他们不能学以致用，一边感叹"英雄无用武之地"，私底下就另找识英雄重英雄的人去了。

实践证明，在影响培训效果的人中，不是学员，不是培训师，而是学员的上级。这就需要领导者及时给予支援，简单说是给予扶持。扶持就是给下属提供资源，创造条件，给他实践的机会，让他有发展的空间。"不下水怎么会游泳"？而非"不会游泳怎么下水"？扶持也是一种培训，必须有培训师的广阔胸怀和开放心态，不要怕"青出于蓝而胜于蓝"，甚至采取挑剔打压政策，把自己的水平建立在下属的平庸上，只能证明你更平庸。事实上，你带出来的人越多,你的支持者就越多,你才有"脱身"的可能。而一旦你有足够的拥趸,你就无后顾之忧,被顶之虞。用一句比较文艺的话来讲,你就是"德高望重"了。

4.教练员

教练员具有两个方面的责任。对个体需要根据特点分别制定指导方案;对团队需要根据团队目标和个人特点确定其位置、角色:适合打前锋还是后卫?把后卫放在前锋位置,很难找到球门;把前锋放到后卫位置,容易自摆乌龙。合理分工,才不会内耗;人尽其才,方能发挥最大效用。当然,合格的教练员必须具备丰富的实践经验和深厚的理论基础,比队员站得更高看得更远,才能调兵遣将指挥潇洒。若眼光短浅,胸无成竹,失去队员的信任,慢慢就被架空而成了摆设,徒有虚职,不如解甲归田,回家种地。

师者,传道,授业,解惑也,亦是领导者的职业特点。一起学习,方能共同成长,这也许就是领导者比自由职业者更为人称道的地方。

方式86 给下属创造施展才华的机会

关键词:施展才华·创造机会·培养下属

适用情境:每个下属都希望用自己的能力来证明自身价值,作为领导,应运用此方式为他们创造机会。

一个人在高山之巅的鹰巢里,抓到了一只幼鹰,他把幼鹰带回家,养在鸡笼里。这只幼鹰和鸡一起啄食、嬉闹和休息。它以为自己是一只鸡。

这只鹰渐渐长大,羽翼丰满了,主人想把它训练成猎鹰,可是由于终日和鸡混在一起,它已经变得和鸡完全一样,根本没有飞的能力了。主人试了各种办法,都毫无效果,最后把它带到山顶上,一把将它扔了出去。这只鹰像块石头似的,直掉下去,慌乱之中它拼命地扑打翅膀,就这样,它终于飞了起来!

每个人都希望用自己的能力来证明自身价值,下属也不例外。给他们更大的空间去施展自己的才华,是对他们最大的尊重和支持。不要害怕他们失败,给予适当的扶持和指点,放开你手中的"雄鹰",让他们翱翔于更宽阔的天空。是只猴子就给他们一座山折腾折腾,是条龙就给他们一条大江大河扑腾扑腾。他们的成长,将为你的工作带来更大的贡献。他们的成长,将促使你更进一步。

所以,对领导而言,要多创造机会给下属。对下属的创造性的构思,作为领导仅仅鼓励还是不够的,还要有立即把下属的构思付诸实施的勇气和气魄!当部属提出好的构想时,应马上施行。切莫以为这是部属的构想,有损自己领导的面子,或等以后再做。如此,将会失掉大好机会。并且,要让下属成为一个素质全面的真正人才,仅在一个岗位上培养是不行的,必须让他们接受多种岗位的轮番锤炼!

1.给下属挑战性强的岗位

这样的岗位可大可小,这既可以培养下属坚强的意志品质,也能够培养下属的独立工作、驾驭全局的能力。

2.让下属兼任下一级主要领导职务

有时候把人提上来了,但发现其缺少独立工作能力,或某一重要领域的能力或素质,采用这种办法可以弥补他们的不足。

3.让下属在多种岗位锻炼

让下属多走几个岗位可以积累多方面的经验,而且,每进入一个新的岗位,都可以让下属养成联系群众的作风和开拓创新的精神。

4.让下属多做领导工作

这样可以强化下属成长,提高其驾驭能力,培养下属抓大事、超脱于具体事物的工作艺术。

方式 87 选择和培养继承自己事业的领导人

关键词：培养下属·接班人·继承事业

适用情境：作为领导，要为自己寻找接班人时，可运用此方式。

作为领导，应该选择和培养继承事业的下一代领导人。事业继承的历史越悠久，领导人就显得越伟大。

诸葛亮用自己的忠诚的品德、超人的智慧、旷世的才能、敬业的精神，协助刘备匡复汉室，成就蜀国霸业，治理"天府之国"，他的历史功勋是有目共睹的。然而，他一贯亲力亲为、没有培养出治理蜀国的优秀接班人队伍，致使出现"蜀中无大将，廖化充先锋"的无奈局面，不仅自己落得"出师未捷身先死，常使英雄泪沾巾"的悲惨结局，也使蜀国成为了三国中最早灭亡的一个。

领导一个企业和领导一个国家的道理是相通的。从"成也孔明，败也孔明"的历史经验教训中，我们不难看出，企业领导者的首要任务就是如何未雨绸缪地培养出优秀的接班人，这是确保企业基业常青的百年大计。难怪柳传志深有体会地说："以我办联想的体会，最重要的一个启示是，除了需要敏锐的洞察力和战略的判断力外，培养人才，选好接替自己的人，恐怕是企业领导者最重要的任务了。"

那么，领导者应该如何发现、培养、锻炼自己的接班人呢？

1.制订接班人培养计划

杰克·韦尔奇说："花十年的工夫培养一个合格经理的时间不算长。"可见，企业的接班人的培养是一个漫长的"十年磨一剑"的过程，必须高瞻远瞩，提前筹划,做好计划。

一般来讲,接班人计划有以下几个环节:

(1)确定接班需求

根据企业发展战略,要明确企业在未来的发展中需要什么样的接班人?需要多少接班人?应该建立一个怎样的接班人储备库?各个层级的接班人,比如:最高接班人、高层接班人、中层接班人、关键岗位接班人等,应该怎样形成一个互补、互动的接力接班链条?

在这个过程中,明确接班人的素质要求是首要的任务。德才兼备当然是接班人的重要标准,不过要进行细化明确。比如,联想就提出了"一匹好马,十项全能"的接班人素质标准:①很强的适应能力;②很强的学习能力;③很强的总结能力;④很强的沟通能力;⑤很强的决策能力;⑥正确认识自我的能力;⑦顾全大局;⑧实事求是;⑨敢于承担风险,敢于面对困难;⑩勤奋、吃苦。

(2)盘点人才状况

根据接班人素质标准要求,要认真筛选、考察现有人才的基本状况,比如个人简历、业绩记录、工作经验、教育背景以及职业兴趣等。在此基础上建立接班人储备库。在评价人才素质的时候,对每一个后备人才的价值观的判断很重要。

(3)实施开发计划

接班人的培养与开发首先要明确内部培养还是外部招聘的问题。根据我们国家的实际情况,特别是家族企业,内部提拔培养已经成为多数企业的基本渠道和方法。

2.形成接班人制度

接班人制度是接班人顺利产生、成长、接班的基本土壤和条件,在接班人中没有一个明确的说法和规矩,必然造成无章可循,领导者凭感觉、凭喜好、凭关系亲疏或心血来潮选定接班人,势必影响接班人的质量,也极易造成内部权力争斗,产生内耗,甚至危机企业的命运。

香港传奇家族企业李锦记,从1888年创立,如今已经传到了第四代,企业仍在健康发展,挑战了家族企业"富不过三代"的宿命规律,这与李锦记的接班人制度是分不开的。

1972年,李锦记第三代传人李文达接掌企业。李文达认为,家庭不和睦,事业就会垮掉。很多家族都是以生意为核心,结果家族出了问题,生意跟着受挫,而李锦记是以家族为核心,只把生意看成家族的一部分。所以李文达定下规矩:第一,结婚后只能有一个家庭,否则要退出董事局;第二,不能离婚,否则也要离开董事局,股份可以保留,但不得参与任何决策。目前,李氏家族的第五代正在成长,李文达特别规定,公司可以负担第五代全部教育费用,但他们至少要读到大学毕业,并在其他公司工作三年,通过考试才能进入公司,而且必须从基层做起。

3.多管齐下,全面培养

孟子说:"舜发于畎亩之中,傅说举于版筑之间,胶鬲举于鱼盐之中,管夷吾举于士,孙叔敖举于海,百里奚举于市。故天将降大任于是人也,必先苦其心志,劳其筋骨,饿其体肤,空乏其身,行拂乱其所为,所以动心忍性,曾益其所不能。"

一个卓越的未来领导者必须经历市场风雨的洗礼、锻炼甚至磨难,这是承担百年基业大任不可或缺的成长过程。所以,培养接班人既是对接班人能力和毅力的严峻考验,也是对领导者智慧和胸怀的严格检验。

作为领导人,你必须使培养新的领导人成为必不可少的生活方式。当你过上了这种生活,你生活里的成功会以乘方的形式增加,你的影响才会超过你的想象。不培养领导人的领导人,有一天会发现他们的成功受到了阻拦。无论他们多么有效率和方法多好,都终将时不我予。哈瑞·弗莱斯说:"我们只有培养他人,才能永远成功。"

方式88 让每个下属都有明确的目标

关键词：领导方式·培养式领导·明确目标

适用情境：要提高下属工作积极性时，需运用此方式。

有了明确的目标，然后使出浑身解数想方设法达到这一目标，是乐趣无穷的一件事。这个道理在工作上也同样适用。竞赛充满乐趣的另一个源泉在于目标清楚，比如"今天下围棋时，我要让他三个子，再来胜他"，如此等等，都可以算是一种目标。

明确目标，时刻意识到目标，这样就会对过程感到兴趣。当然，目标是越明确越好，虽不能过高却也不能过于保守，比如打保龄球，事先确定一个得分目标与心中本来就有数是不能同日而语的。因为这里存在着一种对自己能否圆满达到目标的能力的考验，有很强的刺激作用，在这种心理状态下，即使工作很多很难也会充满乐趣。

在制定部门目标的同时，也要制定出每个人在本年度的目标，这对提高员工的士气很有帮助。在制定部门目标时，最好尽可能多鼓励下属一起参与。具体的程序可以是这样的：先让下属个人设立一个自己本年度想要达到的目标，然后再提出小组的今年目标，大家一起商议，然后再由领导说出自己的意见，互相补充，逐步完善。

把本年度自己负责的工作标准化，或者决定要取得什么样的外部资格，或者某项制度的拟定工作到几月份完成。诸如此类的内容，都应该视为是一种目标。当然，最好是尽量使用数字制定目标。但是，我们也不能因为自己的工作成效难以用数字表示，作为不制定目标的借口和理由。

在制定个人目标时,一方面需要注意个人目标切忌过多,要尽可能把所有意愿压缩成一个目标,目标过多是难以实现的;另一方面还需注意目标水平不宜过高,亦不能过低,目标过低,又会使人感到不费吹灰之力就可达到,就失去了设立目标的意义。如果说一个踮踮脚就能够达到的目标水平为不适宜的话,那么目标高得让人不敢奢望,也只能是一句空话。关键是要让人感到稍有难度,又要在肯下功夫的前提下可以实现;最后需要注意的是,如果为达到个人目标而产生了有损团体目标的消极作用,就有必要让个人的目标服从于团体的目标。总而言之,只有在大家目标明确,并勇于向目标挑战时,整个组织才可以焕发出活力与生机。

方式89 给下属担当重任的机会

关键词:领导方式·培养式领导·担当重任

适用情境:要培养一个优秀的下属,就需学习运用此方式。

有些企业存在着这样一种情况,管理者喜欢挑大梁,无论大事小事都要亲自过问,这就导致管理者在时大家忙忙碌碌,管理者不在时大家无事可做、精神懒散,什么工作都停滞不前的现象出现。为了防止这种情况的发生,管理者必须懂得发挥下属的作用,让他们思考和操作,给他们一个挑大梁的机会。

善于让下属勇挑重担,是管理者考验其能力的手段,也是管理者用权的策略。如果是千斤重担一人挑,只能说这个管理者的权力欲过于膨胀,而不是什么值得称道的工作方法。如果不能够让员工感觉到自己在为企业挑着一个重担,就容易让他们觉得自己的工作没有价值。管理者要坚持"尊重人就得委以重任"的用人原则。有十分之才,交给十二分的重担。

东芝便一向奉行重担子主义，也就是说，人的工作情况必须在工作能力之上。比如说，这个人可以拿起 100 公斤的东西，那么实际上就应该交给他 120 公斤重的东西才成。如果不赋予重任，那便是一种罪过。如果要做到尊重人，那么就应该给他重任，这样才可以激发起他的创造能力。

三星集团的董事长李秉哲就是一个善于给下属重担的人。三星集团的一个社长在回忆他的一段往事时说："还是在我担任第一毛织总务部长的时候，有一天，我突然接到一个任职令，让我到新世界百货店去当经理，实际上，那时候我还是个连在新世界百货店卖东西的经验都没有、刚从乡下来不久的人，而且又是在百货店处于经营状况不好、经营出现赤字和发生事故的时候。"

而这恰恰是李秉哲的高明之处。他深知，当一个人担任某项重要的职务时，往往会干出意想不到的成就来，关键是要发现这样的人才。前面提到的那位社长的经历就说明了这一点，他原来只是个无技术、无经验的来自乡下的普通社员，但是，由于他能力很强，被李秉哲发现并重用，入厂两年多就当上了第一毛织厂的厂长，不久又被接连提拔为总务部长、新世界百货店经理、社长等。

从创业时期起，李秉哲就认为，信任可以换来忠诚，信任可以激发员工的潜能。他以各种形式传达对员工的信任和关怀，并对确实有能力的员工委以重任，为其提供施展才华的舞台，三星也因此成为了世界知名企业。

为了让下属可以挑起重担，要做到以下几点：

一、让下属了解其工作的重要性

当你为下属分配工作的时候，不仅要做到把任务交代清楚，还要对下属讲明这项工作的重要意义、与该工作密不可分的其他方面、最后将获得的效益以及如果该项工作出现失误将会给整个企业带来的损失等，让下属感到自己所从事的是一项很有意义的工作，而且责任重大，这样，他们自然而然地会对工作产生兴趣，并会充满热情和干劲地投入进去。

二、分配工作务必要因人而异。

对于刚刚走出校门、步入社会的年轻人,应大胆地放手让他们去干,把具有一定难度的工作交给他们去独立完成。当然,在完成的过程中出现问题是很自然的,作为管理者,千万不能责怪他们,否则就会大大挫伤他们工作的积极性和自信心。对于那些有一定工作经验的中级员工来说,轻易即可完成的工作或是反复做以前的工作对他们来说是没有什么吸引力的。应该将难度适应其现在能力的工作交给他们,最好是只提供任务,而不涉及细节,这样一来,他们就会感到身上有压力,就会开动脑筋,想方设法地去钻研,努力去完成。而一旦获得成功,这将给他们带来更大的喜悦和成就感。

三、一些需要把握的细节

建议你在大庭广众、众目睽睽之下,有意制造最隆重的气氛,将最困难、最光荣的工作交给下属,使他觉得这是管理者对他的最大信任,是"看得起他"。

在听到别人对下属的非议时,当即旗帜鲜明地予以驳斥,并且一如既往地重用下属。

在下属出现了某些工作失误,特意赶来向你解释时,给他一点不过分的安抚和照顾,暗示他继续大胆干,不要为此而背上思想包袱。

当下属确实因为某些客观原因而遭到挫折和失败时,管理者应敢于承担自己的责任,绝不可将责任全部都推到下属身上,让下属当替罪羊。

倘若采用了这些步骤,无论多单纯的工作,也能令下属体会到工作的重要性,并由衷地尽心尽力于工作岗位。